KB065541

당신의 시간을 설계해 드립니다

효율적으로 일하는 사람들의 시간관리 습관

당신의 시간을 설계해 드립니다

백미르 지음

다온길

머리말

시간은 모두에게 공평하게 주어진 것이지만, 그 시간을 어떻게 활용하느냐에 따라 삶의 질이 결정된다. 벤자민 프랭클린이 말했 듯이 "사람은 망설이지만 시간은 망설이지 않는다. 잃어버린 시간 은 되돌아오지 않는다." 그리고 이 시간을 잘 활용하려면, 우리의 생각을 정확하게 정리하고 이해하는 것이 중요하다. 왜냐하면 명 확한 생각과 계획이 없이 시간을 보내면 헛되이 보낸 시간과 다를 바 없기 때문이다.

이 책은 바로 그 시간관리와 생각정리에 대한 방법을 제시하고 있다. 성공한 사람들이 어떻게 시간을 활용하고 생각을 정리하는 지를 배울 수 있다. 그리고 그 방법을 우리 일상에 어떻게 적용할 수 있는지에 대한 내용을 담고 있다.

예를 들어, 아침 10분을 효율적으로 활용하는 방법에 대해 이야 기하면, 스티브 잡스는 매일 아침 거울 앞에서 스스로에게 "오늘이 내 인생의 마지막 날이라면, 나는 오늘 할 예정인 일을 하고 싶을 까?"라고 물었다고 한다. 이렇게 아침에 몇 분을 내어 하루를 계획 하고 반성하는 시간을 가져보는 것은 하루를 의미 있게 시작하는 첫걸음이 될 수 있다.

또한, 내일의 계획을 오늘 미리 세우는 이유에 대해서는, 유명한 자기계발서 "성공하는 사람들의 7가지 습관"의 저자 스티븐 코비의 말을 떠올릴 수 있다. 그는 "우선순위를 정하고, 중요한 일을 먼저 처리하라"라고 강조하였다. 이 말은 미리 계획을 세우고 중요한 일부터 처리하면 더 효율적으로 시간을 활용할 수 있다는 것을 의미한다.

생각을 정리하는 방법에 대해서는, 마인드맵, 에버노트, 노션 등 다양한 도구를 활용하는 방법을 소개하고 있다. 특히 마인드맵은 토니 부잔이 "마인드맵은 생각의 자유로움을 제한하지 않고, 창의적인 생각을 유도한다"라고 말하며 권장하는 도구 중 하나이다.

이 책을 통해 시간과 생각을 어떻게 효과적으로 관리하는지 배우면, 삶의 질 역시 한층 높아질 수 있다. 시간의 가치를 깨닫고 이를 최대한 활용하는 방법을 익히면 당신의 삶은 더욱 풍요로워지게 된다. 이 책은 우리에게 시간과 생각의 가치를 다시 한번 깨닫게 해주는 실용적인 안내서이다. 이 책과 함께 시간과 생각을 효율적으로 활용하는 여행을 시작해 보는 것은 어떨까? 당신의 시간과 생각을 바꿔줄 것이다.

백미르

차 례

PART 2 일상 속의 시간관리

PART 3 당신의 시간을 설계해드립니다

PART 4 당신의 생각을 정리해 드립니다

마인드맵 | 에버노트 | 노션 | 만다라트 | 로직 트리

피셔 다이어그램 | 구글 킵 | 칸반 보드 | ToDo 리스트

Microsoft OneNote | Apple Notes | Toggl | RescueTime

MindMeister | Airtable | slack | Zapier | Zoho Notebook

PART 1

성공하는 사람들의 시간관리

아침 10분을 활용한다

하루를 시작하는 아침 10분은 시간 관리에 있어서 아주 중요한 시간입니다. 많은 사람들이 아침에 일어나서 먼저 하는 일은 스마트폰을 확인하는 것이죠. 하지만 이는 생각보다 많은 시간과 에너지를 소비합니다. 대신 아침에 먼저 하는 일을 '하루 계획 짜기'로 바꾸면 어떨까요?

아침에 일어나자마자 스마트폰을 확인하는 것보다는 하루를 계획하는 것을 우선시해야 합니다. 스마트폰을 확인하면서 시작하는 것은 자신의 시간과 에너지를 소비하는 일이 될 수 있습니다. 그 대신 아침에 10분 동안 하루 계획을 세워보세요. 이때, 급한 일과 중요한 일을 구분하는 것이 중요합니다.

급한 일은 즉시 처리해야 하는 일이고, 중요한 일은 당신의 목표를 달성하는 데 도움이 되는 일입니다. 이 두 가지를 구분하여 계획을 세워보세요. 중요한 일을 먼저 처리하면 자신의 목표에 더 가까워질 수 있습니다.

10분을 활용하여 하루 계획을 세워보면, 시작부터 명확한 방향성과 목표를 가질 수 있습니다. 이를 통해 하루 동안 더 효율적으로 일할 수 있습니다. 또한, 계획을 세우는 것은 자신의 시간을 통제하고 조절하는 데 도움이 됩니다.

또한, 아침에 10분을 활용하는 방법에는 몇 가지 팁이 있습니다. 첫째, 아침에 일어나기 전에 잠에서 깨어나는 시간을 줄이고, 그 시간을 계획에 활용해보세요. 둘째, 계획을 세울 때는 목표와 우선순위를 명확하게 설정해야 합니다. 셋째, 계획을 세울 때는 현실적이고 실현 가능한 목표를 설정해야 합니다.

이렇게 아침 10분을 활용하여 하루를 시작하는 것은 성공적인 시간 관리를 위한 좋은 습관입니다.

아침 일찍 일어나는 방법

아침 일찍 일어나는 것은 쉽지 않은 일이지만, 몇 가지 팁을 통해 이를 극복할 수 있습니다.

첫째, 일찍 일어나기 위해서는 일찍 잠자리에 들어야 합니다.

잠이 오지 않더라도 마음을 비우고 침대에 누워있는 것만으로도 휴식 효과를 얻을 수 있습니다.

둘째, 매일 같은 시간에 잠자리에 들고, 같은 시간에 일어나는 습관을 기르는 것이 중요합니다. 이렇게 하면 자연스럽게 몸이 그 시간에 맞춰서 수면 패턴을 조절하게 됩니다.

셋째, 카페인은 수면을 방해하므로, 특히 저녁 시간에는 카페인 섭취를 피하시는 것이 좋습니다.

넷째, 낮잠이 피곤을 해소하는 데 도움이 되지만, 너무 많이 자면 밤에 잠을 청하기 어려워집니다. 낮잠을 자도 20분 내외로 제한하는 것이 좋습니다.

다섯째, 꾸준한 운동은 깊고 편안한 잠을 유도합니다. 하지만 잠자기 전에 강한 운동을 하면 오히려 잠을 방해할 수 있으니 주의해야 합니다.

여섯째, 아침에 일어나자마자 간단한 아침 식사를 하는 것은 하루를 시작하는 좋은 방법입니다.

02
내일의 계획을 오늘 미리 작성한다

성공하는 사람들은 자신의 시간을 효과적으로 관리하며, 그 중 하나는 '내일의 계획을 오늘 미리 작성하는 것'입니다.

내일의 계획을 오늘 미리 작성하는 것은 성공적인 시간 관리의 핵심입니다. 이렇게 하면 우리는 다음 날에 무엇을 해야 할지 명확하게 알 수 있고, 효율적으로 일을 처리할 수 있습니다.

이 방법의 장점은 다음과 같습니다. 첫째로, 미리 계획을 세우는 것은 우리가 할 일에 대한 인식을 높여줍니다. 이는 우리가 목표를 달성하기 위해 필요한 일들을 미리 파악하고 준비할 수 있게 해줍니다. 둘째로, 계획을 세우는 과정 자체가 우리의 마음을 집중시키고, 일에 대한 명확한 방향을 제시해줍니다. 셋째로, 내일의 계획을 미리 작성하는 것은 우리에게 더 많은 시간을 제공합니다. 계획을 세우고 준비를 미리 해두면, 시간을 효율적으로 활용할 수 있습니다.

내일의 계획을 작성하는 방법은 다양합니다. 단순히 종이에 적어두는 것부터, 전용 앱이나 일정 관리 도구를 활용하는 것까지 다양한 방법이 있습니다. 여러분은 자신에게 가장 편리하고 효과적인 방법을 선택할 수 있습니다.

시간 관리는 성공적인 삶을 살기 위해 필수적인 요소입니다. 내일의 계획을 오늘 미리 작성하여 효과적으로 시간을 활용하는 습관을 만들어보세요.

제프 베조스는 아마존을 창업한 기업가로서 세계적으로 유명한 인물입니다. 그는 내일의 계획을 미리 작성하는 습관을 가지고 있으며, 이를 통해 성공적인 비즈니스를 이끌어내고 있습니다.

제프 베조스는 매일 아침에 기상하자마자 내일의 계획을 세웁니다. 그는 이때 자신의 목표와 우선순위를 먼저 정하고, 그에 따라 자세한 계획을 수립합니다. 이 계획은 그의 비즈니스와 개인적인 목표를 달성하기 위한 로드맵 역할을 합니다.

내일의 계획을 미리 작성하는 것은 시간 관리와 목표 달성에 매우 중요한 역할을 합니다. 그는 계획을 통해 어떤 일들을 해야 할지 사전에 파악하고, 그에 따라 업무를 진행하며 중요한 결정을 내립니다. 이를 통해 그는 시간을 효과적으로 배분하고, 목표를 효율적으로 추구할 수 있습니다.

내일의 계획을 미리 세우는 것은 제프 베조스에게 뿐만 아니라 일반인들에게도 많은 도움을 줄 수 있습니다. 이를 통해 우리는 시간을 더 효율적으로 활용하고, 목표를 달성하기 위해 필요한 일들을 사전에 파악할 수 있습니다. 또한, 계획을 따라가며 업무를 진행하고 중요한 결정을 내리는 과정에서 더욱 자신감을 갖게 되며, 일상의 변화와 도전에 대처할 수 있는 능력을 키울 수 있습니다.

제프 베조스의 사례를 참고하여 우리도 내일의 계획을 미리 작성하여 성공적인 삶을 이끌어 나갈 수 있습니다. 이는 우리의 비즈니스, 학업, 개인적인 목표 등 모든 측면에서 도움이 될 것입니다. 따라서, 우리는 제프 베조스와 같이 내일의 계획을 미리 세워 성공을 이루어 나갈 수 있는 습관을 가질 필요가 있습니다.

03
가장 중요한 일부터 한다

성공한 사람들의 공통적인 특징 중 하나는 '시간 관리'에 능숙하다는 것입니다. 그들은 일의 중요도에 따라 우선순위를 정하고, 가장 중요한 일부터 차례대로 처리하는 습관을 가지고 있습니다. 이런 방법은 시간을 효율적으로 활용하고, 목표를 달성하는 데 큰 도움이 됩니다.

우선, 이 방법을 적용하기 위해선 일의 중요도를 파악하는 것이 첫 단계입니다. 일의 중요도는 그 일이 당신의 목표나 가치와 얼마나 일치하는지에 따라 결정됩니다. 예를 들어, 만약 당신이 건강을 최우선 가치로 삼는다면, 운동이나 영양 섭취 같은 건강에 관련된 일이 가장 중요한 일이 될 것입니다.

한번 중요한 일을 식별했다면, 그것을 먼저 처리하는 것이 중요합니다. 이는 '가장 중요한 일을 먼저 처리하라'는 스티븐 코비의

'7가지 습관' 중 하나인 '우선순위 중심 생활' 개념과 맞닿아 있습니다. 이는 가장 중요한 일을 먼저 처리하라는 것으로, 이를 통해 우리는 시간을 효과적으로 활용하고, 우리의 에너지를 가장 중요한 일에 집중할 수 있게 됩니다.

애플의 공동 창업자인 스티브 잡스는 이런 원칙을 통해 시간을 관리했습니다. 그는 매일 아침 거울 앞에 서서 "만약 오늘이 내 생의 마지막 날이라면, 나는 오늘 할 예정인 일들을 하고 싶을까?"라고 스스로에게 물었다고 합니다. 이 질문을 통해 스티브 잡스는 그날 그날 가장 중요한 일이 무엇인지를 판단하고 그 일을 먼저 처리했습니다.

이런 방식의 시간 관리는 우리의 일상생활에서도 유용합니다. 우리가 매일 해야 할 일이 많을수록, 우선순위를 설정하고 가장 중요한 일부터 처리하는 습관을 기르는 것이 중요해집니다. 이를 통해 시간을 효과적으로 활용하고, 목표를 향해 한 걸음씩 나아갈 수 있습니다.

워렌 버핏은 세계적으로 유명한 투자자로, 그의 투자 전략과 철학은 많은 사람들이 모방하고 배우려고 합니다. 그 중 하나가 바로 '목표 설정과 시간관리'인데요, 워렌 버핏은 자신의 하루를 시작할 때 목표를 쓰는 것으로 시작합니다. 그리고 그 중 가장 중요하다고 생각하는 3가지를 선정하고 그것들에만 집중하라고 조언합니다. 이렇게 중요한 일에 집중하고 우선순위를 정하는 것이 그의 시간을 효율적으로 관리하는 방법 중 하나이며, 그의 성공에 큰 역할을 했다고 볼 수 있습니다.

마크 저커버그는 페이스북의 창업자이자 CEO로, 그의 일상과 습관 역시 많은 사람들의 주목을 받습니다. 그 중 하나가 바로 '옷차림'입니다. 매일 회색 티셔츠를 입는 것으로 유명한데요, 그는 이렇게 함으로써 매일 아침 의상을 고르는 데 들어가는 의사결정과 시간을 줄일 수 있습니다. 이렇게 절약된 시간을 더 중요한 일에 집중하고, 더 큰 결정을 내리는 데 활용합니다. 이것은 '중요한 일에 집중하라'는 원칙을 일상의 작은 부분에까지 적용한 사례로 볼 수 있습니다.

이렇게 성공한 사람들은 가장 중요한 일에 집중하고, 그에 따라 우선순위를 정하며 시간을 관리함으로써 목표를 효과적으로 달성합니다. 그들의 사례는 우리에게 중요한 일에 집중하고, 우선순위를 정하는 방법에 대한 중요성을 깨닫게 해줍니다.

04
'아니오'라는 말 연습하기

　성공하는 사람들이 가지고 있는 시간 관리 전략 중 하나는 '아니오'라는 말을 연습하는 것입니다. 이것은 처음에는 어려울 수 있지만, 연습을 통해 능숙해질 수 있습니다. 그리고 이것은 개인의 시간과 에너지를 보호하고, 중요한 일에 집중하는 데 도움이 됩니다.

　첫째, 모든 것에 '예'라고 대답하면, 우리는 중요한 일에 집중하거나, 우리의 목표를 달성하는데 필요한 시간을 가지지 못하게 됩니다. '아니오'라는 단어는 우리가 무엇을 중요하게 생각하는지, 어떤 일에 집중하고 싶은지를 명확히 해줍니다. 따라서, '아니오'를 말하는 것은 우리의 우선 순위를 정하는 데 도움이 됩니다.

둘째, '아니오'를 말하는 것은 또한 우리의 개인적인 경계를 설정하는 데 중요합니다. 다른 사람들의 요구나 기대에 항상 '예'라고 대답하면, 우리의 시간은 곧바로 다른 사람들에 의해 지배될 수 있습니다. 반면에, '아니오'라고 말함으로써, 우리는 우리의 시간을 제어하고, 우리의 에너지를 우리가 원하는 방향으로 보낼 수 있습니다.

그러나 '아니오'라고 말하는 것이 쉽지 않을 수 있습니다. 이는 연습이 필요하며, 시간이 걸릴 수 있습니다. 그리고 '아니오'라고 말할 때에는 다른 사람의 감정을 고려해야 합니다. 따라서, 가능한 한 부드럽게 거절하는 방법을 배워야 합니다. 이는 서로를 존중하는 관계를 유지하는 데에도 중요합니다.

이러한 '아니오'라는 말 연습은 시간 관리뿐만 아니라, 생산성 향상, 스트레스 관리, 건강 유지 등 여러 면에서도 도움이 됩니다. 따라서, 이는 모든 사람들이 연습해야 할 중요한 기술 중 하나라고 할 수 있습니다.

스티브 잡스는 '아니오'라는 말을 통해 자신의 시간을 효과적으로 관리하고, 자신의 비전을 이루어낼 수 있었습니다. 그는 자신의 생각에 집중하고, 자신의 목표를 달성하기 위해 필요하지 않은 일에는 '아니오'라고 말하는 법을 잘 알고 있었습니다.

그는 애플을 이끌면서도 수많은 제안과 아이디어를 거절하였습니다. 그의 유명한 말 중 하나인 "천재란 선택하기를 알고, 최선의 것들에만 집중하는 능력이다."에서도 그의 이 같은 접근법을 확인할 수 있습니다. 그는 수많은 좋은 아이디어를 가지고 있었지만, 그 중에서도 가장 중요하고, 가장 효과적인 것에만 집중하였습니다.

이러한 접근법은 스티브 잡스가 애플을 세계적인 기업으로 만들어낼 수 있었던 중요한 요인 중 하나였습니다. 그의 이러한 접근법은 우리에게 '아니오'라는 말의 중요성과 그 효과를 잘 보여주고 있습니다.

이처럼, '아니오'라는 말은 우리의 시간을 효과적으로 관리하고, 우리의 에너지를 중요한 일에 집중하는 데 도움이 됩니다. 이는 성공하는 사람들이 공통적으로 가지고 있는 특징 중 하나이며, 우리 모두가 연습해야 할 중요한 기술입니다.

정중히 거절하는 방법

'아니오'라는 말을 할 때 상대방의 반응에 대한 걱정은 자연스러운 것입니다. 그러나 '아니오'를 말하는 방법에 따라 상황을 완화시킬 수 있습니다. 다음의 몇 가지 방법을 고려해보세요.

첫째, 상대방에게 제안이나 요청을 받았을 때, 그것에 대해 감사의 마음을 표현하는 것으로 시작하면 상대방이 거절에 대해 덜 실망하게 만들 수 있습니다. 예를 들어, "그런 제안을 해 주셔서 감사합니다, 하지만…" 이런 식으로 말을 시작하면 좋습니다.

둘째, '아니오'를 말할 때 그 이유를 명확히 설명하는 것이 중요합니다. 상대방이 왜 그 요청이 수락되지 않았는지 이해하게 되면, 더욱 수용하기 쉬워질 것입니다.

셋째, 가능하다면, 상대방의 요청을 수락하지 못하는 대신 또다른 방법을 제안하면 상대방이 더욱 수용하기 쉬워질 수 있습니다.

넷째, '아니오'를 말하는 것이 어렵다면, 부드러운 표현을 사용하여 거절하는 방법도 있습니다. 예를 들어, "지금은 어렵지만, 나중에 다시 이야기해봐도 될까요?"와 같은 식으로 말하면 좋습니다.

기억해야 할 것은, 결국 우리 모두는 자신의 시간과 에너지를 존중받아야 하며, 이를 위해 '아니오'라는 말을 할 필요가 있다는 것입니다. 이는 상대방에 대한 불쾌함을 주려는 것이 아니라, 자신의 한정된 시간과 에너지를 가장 중요한 일에 집중하기 위한 것입니다. 이를 상대방에게 설명하고 이해를 구하면, 대부분의 사람들은 수용하게 될 것입니다.

05
미루지 않고 바로 실행하기

성공하는 사람들이 공통적으로 가지고 있는 시간 관리 기법 중 하나입니다. 이것은 일명 '프로크라스티네이션(업무 미루기)'을 극복하는 데 중요한 원칙입니다.

우선, 왜 우리는 일을 미루게 될까요? 그 이유는 사람마다 다르지만, 일반적으로 우리가 직면한 일이 방대하거나 복잡하여 시작에 주저하게 될 때나, 그 일을 완벽하게 처리하고 싶은 강한 욕구 때문에 이런 현상이 발생합니다. 이런 경우, 작업을 작은 단위로 나누는 것이 중요합니다. 큰 프로젝트를 여러 개의 작은 작업으로 나누고, 각각의 작은 작업을 하나씩 처리해 나가는 방법이 있습니다. 이렇게 하면, 전체적인 작업이 더 이해하기 쉬워지고, 이를 통해 작업을 시작하는 데 필요한 용기를 얻을 수 있습니다.

다음으로, 우리는 '주어진 시간 내에 작업을 완료하려고 노력'

해야 합니다. 이것은 작업에 필요한 시간을 정확히 파악하고, 그 시간 동안에 작업을 성공적으로 완료하기 위한 노력을 통해 이루어집니다. 이를 위해, 우리는 작업을 시작하기 전에 필요한 모든 자료와 도구를 준비하고, 작업을 시작하는 데 필요한 환경을 만들어야 합니다.

'지금 바로 해야지'라는 마음가짐이 중요합니다. 우리는 가끔 '나중에 해야지'라는 생각을 가지게 됩니다. 하지만 이것은 대부분의 경우 '나중에는 더 바쁠 것'이라는 사실을 간과하는 것입니다. 따라서, '지금 바로 해야지'라는 마음가짐을 가지고 작업에 임해야 합니다.

가장 어려운 부분은 '작업을 시작하는 것'입니다. 이것은 우리가 작업을 시작하는 데 도움이 될 수 있는 방법을 찾아야 하는 이유입니다. 예를 들어, '5분 동안만 작업을 해 보겠다'는 간단한 목표를 설정하거나, 좋아하는 음악을 들으면서 작업을 시작하는 것 등이 있습니다.

마지막으로, '적절한 휴식 시간을 가지는 것'도 중요합니다. 휴식은 우리의 뇌가 재충전되고 새로운 에너지를 얻는 시간입니다. 따라서, 작업 중간 중간 적절한 휴식 시간을 가져가야 합니다.

프로크라스티네이션

프로크라스티네이션, 우리말로 '업무 미루기'는 많은 사람들이 경험하는 현상입니다. 이 용어는 라틴어 'pro-'(앞으로)와 '-crastinus'(다음날)에서 유래되었는데, 말 그대로 '미래로 미루다'라는 의미를 갖고 있습니다.

프로크라스티네이션은 일반적으로 불쾌한 업무를 미루는 경향을 말합니다. 우리는 때때로 이런 일을 미루는데, 그 이유는 다양합니다. 일부 사람들은 업무가 어렵거나 복잡해서 시작하는 것을 두려워합니다. 일부는 업무가 지루하거나 흥미가 없어서 미룹니다. 또 다른 사람들은 완벽주의적 성향 때문에 업무를 미루기도 합니다.

프로크라스티네이션은 단순히 '게으름'과는 다릅니다. 게으른 사람은 일을 하고 싶지 않아서 일을 미루지만, 프로크라스티네이션을 겪는 사람은 일을 하고 싶어 하지만 그래도 일을 미루게 됩니다. 이는 일을 시작하는 데 필요한 동기부여를 찾는 데 어려움을 겪는 것과 관련이 있습니다.

프로크라스티네이션을 극복하는 방법 중 하나는 작업을 작은 부분으로 나누는 것입니다. 이렇게 하면 일이 보다 관리 가능하고, 시작하기 쉬워집니다. 또한, 작업을 미루는 이유를 파악하고 이에 대한 대응 방안을 찾는 것도 중요합니다.

SNS 사용 시간을 줄인다

우리가 모바일 기기나 컴퓨터를 사용하는 시간 중 상당 부분을 SNS에 소비하는 것은 부인할 수 없는 사실입니다. 특히 SNS는 우리의 대화, 소식, 정보를 공유하는 플랫폼으로서 많은 사람들에게 필수적인 도구가 되었습니다. 그러나 이런 SNS의 편리함과 재미가 과도한 사용으로 이어질 때, 문제가 생깁니다.

성공하는 사람들은 이러한 세부사항에 주의를 기울입니다. 그들은 자신의 시간을 효과적으로 관리하기 위해 SNS 사용 시간을 줄이는 방법을 찾습니다. 이는 일종의 자기 통제로, 자신의 시간과 집중력을 더 중요한 목표에 집중하는 데 사용하려는 의지를 반영하는 것입니다.

SNS 사용 시간을 줄이는 방법 중 하나는 알림 설정을 조정하는 것입니다. 스마트폰이나 컴퓨터에서 발생하는 SNS 알림은 우리의 주의를 분산시키고, 중요한 작업에 집중하는 것을 방해합니다. 따라서, 필요한 알림만 켜두고, 나머지는 꺼두는 것이 좋습니다.

또한, '디지털 디톡스'를 시도해 보는 것도 추천드립니다. 이는 특정 시간 동안 디지털 기기 사용을 중단하는 것을 말합니다. 이 시간 동안 책을 읽거나 산책을 하는 등 다른 활동을 하면서, 디지털 기기에 의존하지 않고 시간을 보내는 경험을 할 수 있습니다.

SNS 사용 시간을 추적하는 앱을 활용하는 것도 좋은 방법입니다. 이런 앱들은 얼마나 많은 시간을 어떤 앱에 사용하는지, 어떤 시간대에 가장 많이 사용하는지 등의 정보를 제공합니다. 이런 정보를 통해 자신의 SNS 사용 패턴을 인식하고, 필요하다면 그것을 조정할 수 있습니다.

마지막으로, SNS 사용의 목적을 명확히 하는 것도 중요합니다. SNS는 정보를 얻거나, 친구와 연락을 주고받는 등의 목적이 있어야 합니다. 단순히 시간을 보내기 위해 SNS를 사용하는 것은 시간을 효율적으로 사용하지 못하는 것일 수 있습니다.

SNS 사용 시간 추적 앱

SNS 사용 시간을 추적하고 관리하는데 도움이 되는 앱들이 여러 가지 있습니다. 이러한 앱들은 사용자가 얼마나 많은 시간을 SNS나 다른 앱에 소비하는지를 추적하고, 필요한 경우 알림을 통해 사용 시간을 제한하는 기능을 제공합니다.

1. RescueTime : 이 앱은 사용자가 컴퓨터나 스마트폰에서 얼마나 많은 시간을 특정 앱이나 웹사이트에 사용하는지 추적합니다. 또한, 목표 설정과 알림 기능을 통해 시간 관리를 돕습니다.

2. StayFocused : 이 앱은 특정 웹사이트나 앱의 사용 시간을 제한하거나 차단하는 기능을 제공합니다. 사용자가 설정한 시간이 지나면 해당 앱이나 웹사이트는 차단되어 더 이상 접근할 수 없게 됩니다.

3. Forest : 이 앱은 사용자가 스마트폰을 사용하지 않는 시간동안 나무를 심는 메타포를 사용하여 시간 관리를 돕습니다. 사

용자가 스마트폰을 사용하지 않는 시간이 길어질수록 더 많은 나무가 자라게 됩니다.

4. Freedom : 이 앱은 사용자가 선택한 앱이나 웹사이트를 일정 시간 동안 차단하는 기능을 제공합니다. 이를 통해 사용자는 중요한 작업에 집중할 수 있습니다.

5. Offtime : 이 앱은 사용자가 휴식 시간을 설정하고, 그 시간 동안 알림을 차단하는 기능을 제공합니다. 또한, 사용자의 스마트폰 사용 패턴을 분석하여 보고서를 제공합니다.

위의 앱들을 활용하여 SNS 사용 시간을 관리하면, 더 효과적으로 시간을 사용하고, 더 중요한 일에 집중하는 데 도움이 될 수 있습니다.

팀 페리스는 자신의 시간을 최적화하는 데 큰 관심을 가지고 있고, 그의 접근법 중 하나는 SNS 사용 시간을 줄이는 것입니다. 그는 일주일 중 특정 시간에만 SNS를 확인하고, 그 외의 시간에는 SNS 알림을 모두 끄는 방법을 사용합니다. 이를 통해 그는 집중력을 유지하고, 중요한 작업에 시간을 투자하는 데 성공했습니다.

또 다른 사례로는 작가인 캐서린 프라이스의 사례를 들 수 있습니다. 그녀는 스스로의 SNS 사용 패턴에 대해 깊이 생각하게 되었고,

그 결과로 '스크린/라이프 균형'이라는 개념을 제안했습니다. 이는 디지털 디바이스와 실제 생활 사이의 균형을 맞추는 것을 의미합니다. 그녀는 SNS 사용 시간을 줄이고, 그 시간을 대면 소통이나 취미 생활에 투자하는 방법을 찾았습니다.

이러한 사례들은 SNS 사용 시간을 줄이는 것이 중요한 작업에 집중하고, 풍부한 인생을 살아가는 데 도움이 될 수 있다는 것을 보여줍니다. 각자의 생활에서 SNS 사용 시간을 줄이는 방법을 찾아보는 것도 좋은 시작이 될 수 있습니다.

07

휴식 시간을 일과에 포함시킨다

우리는 때때로 '휴식은 시간 낭비'라고 생각합니다. 그러나 이것은 큰 오해입니다. 실제로 휴식은 우리의 두뇌가 정보를 처리하고, 문제를 해결하고, 창의적인 아이디어를 만들어 내는 데 필수적인 시간입니다. 이는 특히 지식 기반의 일을 하는 현대 사회에서 더욱 중요합니다.

성공한 사람들은 이를 잘 이해하고 있습니다. 그들은 휴식을 '게으름'이나 '시간 낭비'로 보지 않고, 일과의 중요한 부분으로 인식합니다. 그들은 휴식 시간을 일과에 포함시키고, 그 시간을 효과적으로 활용하여 더 많은 일을 처리하고, 더 높은 성과를 달성합니다.

유명한 기업 CEO인 제프 베조스는 휴식을 매우 중요하게 생각합니다. 그는 하루 8시간 이상의 수면을 취하고, 중요한 회의는 오전에만 진행한다고 합니다. 그는 이런 방식으로 최고의 성능을 발휘할 수 있는 시간에 중요한 일에 집중하고, 휴식 시간을 통해 에너지를 충전합니다.

또 다른 예로는 유명한 작가인 스티븐 킹을 들 수 있습니다. 그는 매일 4~5시간 동안만 글을 쓰는 것을 원칙으로 하고, 나머지 시간에는 휴식하거나 여가 활동을 즐깁니다. 그는 이런 방식으로 장기간에 걸쳐 높은 생산성을 유지하고 있습니다.

이처럼 휴식은 생산성을 높이고, 창의력을 촉진하며, 우리의 건강을 유지하는 데 중요합니다. 따라서, 휴식 시간을 일과에 포함시키고, 그 시간을 즐기는 것이 중요합니다.

08
항상 메모하는 습관을 들인다

성공한 사람들이 공통으로 가지고 있는 시간관리 전략 중 하나는 항상 메모하는 습관을 가지고 있는 것입니다. 이것은 일상적인 생활에서부터 비즈니스 회의에 이르기까지 다양한 상황에서 그들의 생각과 아이디어, 계획을 기록하는 것을 의미합니다.

메모는 우리가 정보를 기억하는 데 도움이 됩니다. 인간의 뇌는 정보를 임시적으로 저장하는 단기 기억과, 정보를 장기적으로 저장하는 장기 기억으로 나눌 수 있습니다. 우리가 새로운 정보를 받아들이면, 이것은 먼저 단기 기억에 저장됩니다. 그러나 이 단기 기억은 용량이 제한되어 있으며, 새로운 정보가 들어오면 이전의 정보는 잊혀집니다. 따라서, 우리가 중요한 정보를 장기 기억에 저장하려면, 이를 반복해서 복습하거나 기록해야 합니다. 이때 메모가 큰 도움이 됩니다.

또한 메모는 우리가 우선순위를 설정하고, 시간을 효율적으로 관리하는 데 도움이 됩니다. 우리는 때때로 무엇을 먼저 해야 할지, 어떤 일이 중요한지 등을 결정하는 데 어려움을 겪습니다. 그러나 메모를 통해 우리가 해야 할 일을 명확히 보면, 우리는 중요한 일부터 처리하고, 덜 중요한 일은 나중에 처리하는 등의 시간 관리 전략을 세울 수 있습니다.

성공한 사람들은 이러한 메모의 중요성을 잘 이해하고 있습니다. 그들은 항상 메모를 하며, 그들의 생각과 아이디어, 계획을 기록합니다. 그들은 이러한 메모를 통해 자신의 일을 관리하고, 시간을 효과적으로 활용합니다.

효과적인 메모 정리 방법

효과적인 메모 정리 방법에 대해 알아보겠습니다. 메모를 잘 정리하는 것은 정보를 빠르게 찾고, 아이디어를 효과적으로 활용하는 데 큰 도움이 됩니다.

첫째, 메모를 주제별로 분류하면 관련 정보를 빠르게 찾을 수 있습니다. 이를 위해 노트를 여러 섹션으로 나누거나, 다양한 주제에 따른 별도의 메모장을 활용하는 등의 방법을 사용할 수 있습니다.

둘째, 메모의 핵심 내용이나 중요한 아이디어를 빠르게 찾을 수 있도록, 키워드나 문장을 강조하거나 밑줄을 그어 표시하는 것이 좋습니다.

셋째, 메모는 한 번 쓰고 끝내는 것이 아니라, 주기적으로 검토하고 업데이트해야 합니다. 이를 통해 새로운 정보를 추가하거나, 불필요한 정보를 제거하거나, 아이디어를 더욱 발전시킬 수 있습니다.

넷째, 메모를 적고 정리하는 데 사용하기 편한 도구를 선택하는 것이 중요합니다. 종이와 펜을 사용할 수도 있고, 스마트폰이나 컴퓨터에 설치된 메모 앱을 사용할 수도 있습니다. 중요한 것은 자신이 편하게 사용할 수 있고, 언제든지 메모를 확인하고 수정할 수 있는 도구를 선택하는 것입니다.

다섯째, 메모를 일관된 형식으로 작성하면, 원하는 정보를 빠르게 찾고 이해하는 데 도움이 됩니다. 예를 들어, 일정한 제목 형식을 사용하거나, 항상 날짜와 시간을 표시하거나, 리스트나 표를 사용하는 등의 방법이 있습니다.

이렇게 메모를 효과적으로 정리하는 습관을 가지면, 우리는 정보를 더 효과적으로 관리하고, 아이디어를 더 효과적으로 활용할 수 있습니다. 이는 우리의 생활과 업무를 더욱 효과적으로 관리하는 데 큰 도움이 됩니다.

09
효율적으로 일한다

성공한 사람들은 일을 처리할 때 일의 중요성과 긴급성에 따라 우선순위를 정합니다. 이는 일의 중요도와 긴급도에 따라 일을 네 가지 카테고리로 분류하고, 이에 따라 일을 처리하는 방식입니다. 중요하지만 긴급하지 않은 일은 장기적인 성공을 위해 필요한 일이기 때문에, 이런 일에 충분한 시간을 할애하려 노력합니다. 이렇게 우선순위를 설정함으로써 그들은 시간을 효과적으로 활용하고, 중요한 일에 집중할 수 있습니다.

일정을 철저히 관리합니다. 이를 위해 구글 캘린더나 아웃룩과 같은 디지털 도구를 활용하거나, 페이퍼 플래너나 일정관리 노트를 사용하기도 합니다. 일정을 정확하게 관리함으로써, 그들은 시간을 효과적으로 활용하고, 자신의 작업에 집중할 수 있습니다.

커뮤니케이션에도 효율성을 추구합니다. 불필요한 회의를 줄이고, 이메일이나 메신저를 통한 커뮤니케이션을 효과적으로 관리함으로써, 그들은 시간을 절약하고, 중요한 작업에 집중할 수 있습니다.

빌 게이츠는 일과 휴식의 균형을 중요하게 생각합니다. 일에 몰두하는 것도 중요하지만, 그는 휴식이 생산성을 높이는 데 중요한 역할을 한다고 강조합니다. 그는 특히 하루 중 특정 시간을 '생각하는 시간'으로 설정하여 이 시간 동안은 다른 일을 하지 않고 생각에 몰두합니다. 이를 통해 그는 창의적인 아이디어를 도출하거나 문제를 해결하는 데 필요한 시간을 확보합니다.

또한, 그는 '딥 워크'의 중요성을 강조합니다. '딥 워크'란 방해받지 않고 집중하여 일하는 것을 의미합니다. 빌 게이츠는 이 '딥 워크' 시간을 통해 복잡하고 어려운 문제를 해결하거나, 새로운 아이디어를 생각해내는 데 필요한 시간을 확보합니다.

빌 게이츠는 또한 자신의 시간을 최대한 효율적으로 활용하기 위해 디지털 도구를 적극 활용합니다. 그는 일정 관리, 메모, 연락처 관리 등을 위해 다양한 디지털 도구를 사용하며, 이를 통해 자신의 시간을 효과적으로 관리합니다.

이처럼 빌 게이츠는 일과 휴식의 균형, 딥 워크, 디지털 도구의 활용 등을 통해 시간을 효율적으로 관리합니다. 그의 이러한 시간 관리 전략은 우리에게 시간을 어떻게 효과적으로 활용해야 하는지에 대한 중요한 교훈을 줍니다.

마지막으로, 휴식 시간을 효율적으로 활용합니다. 그들은 짧은 휴식을 통해 에너지를 회복하고, 장기적인 휴식을 통해 스트레스를 해소하고 명상을 하는 등의 방법을 통해 건강을 유지하고, 일에 대한 집중력을 유지합니다. 이렇게 휴식 시간을 효율적으로 활용함으로써, 그들은 더욱 효과적으로 일할 수 있습니다.

마인드 맵을 적극 활용한다

성공하는 사람들의 공통점 중 하나는 '마인드 맵'을 활용하는 것입니다. 마인드 맵은 생각이나 아이디어를 시각적으로 구조화하는 도구로, 문제를 분석하고, 아이디어를 구조화하고, 정보를 기억하는 데 매우 효과적입니다.

마인드 맵을 그리는 것은 크게 어렵지 않습니다. 가장 중요한 것은 중심 주제를 정하는 것인데, 이 주제는 당신이 집중하고 싶은 아이디어나 목표일 수 있습니다. 이 주제를 종이나 화면의 중앙에 적어놓으면, 그 주변에 관련된 아이디어나 하위 목표를 가지처럼 붙여나가면 됩니다. 이렇게 하면, 복잡하게 얽힌 생각들을 더욱 명확하게 정리하고 구조화할 수 있어요.

당신의 주요 목표가 '건강 관리'라면, 그 주변에 '운동', '식사', '휴식' 등의 하위 목표를 만들 수 있습니다. 그리고 이 하위 목표

들 아래에 더 구체적인 행동 계획이나 아이디어를 붙여나갈 수 있어요. 예를 들어, '운동'이라는 하위 목표 아래에는 '헬스장 가입하기', '매일 아침 조깅하기', '주 3회 요가 수업 듣기' 등의 더욱 구체적인 계획을 세울 수 있죠.

이렇게 마인드 맵으로 명확한 계획을 세우면, 우리는 시간을 효율적으로 사용할 수 있습니다. 무엇을 해야 하는지, 어떤 순서로 해야 하는지 명확히 알 수 있기 때문이죠. 또한, 마인드 맵은 우리의 생각과 아이디어를 명확하게 시각화하므로, 문제 해결 능력과 창의력을 향상시키는 데에도 큰 도움이 됩니다.

성공하는 사람들이 이런 방식으로 마인드 맵을 활용하면, 그들은 자신의 시간을 효율적으로 관리하고, 목표를 성취하는 데 성

공합니다. 그리고 그들은 이런 방식을 통해, 복잡한 문제를 분석하고, 창의적인 아이디어를 도출하고, 심지어 새로운 기회를 발견하기도 합니다.

따라서, 마인드 맵을 효과적으로 활용하는 방법을 배우고 실천한다면, 우리도 성공하는 사람들처럼 우리의 시간을 효율적으로 관리하고, 우리의 목표를 성취하는 데 성공할 수 있을 것입니다.

마인드 맵을 적극 활용하여 성공한 사람 중 한 명으로는 유명한 발명가이자 사업가인 토니 부잔이 있습니다. 토니 부잔은 마인드 맵의 개념을 처음으로 소개한 사람으로 알려져 있습니다.

그는 자신의 생각과 아이디어를 정리하고 구조화하기 위해 마인드 맵을 사용하였습니다. 이 도구를 통해 복잡한 문제를 분석하고, 창의적인 아이디어를 도출하였고, 이를 바탕으로 다양한 분야에서 성공을 거두었습니다.

마인드 맵을 활용하여 뇌과학, 기억법, 창의성 등에 관한 여러 책을 저술하였습니다. 그의 작품들은 전 세계적으로 널리 읽혔고, 수많은 사람들이 마인드 맵을 통해 자신의 생각과 아이디어를 더 효과적으로 표현하고 관리할 수 있게 되었습니다.

또한, 그는 마인드 맵을 활용하여 비즈니스 전략을 수립하고, 프로젝트를 관리하였으며, 이를 통해 자신의 사업을 성공적으로 운영

할 수 있었습니다. 그의 이러한 실천은 마인드 맵이 단순히 아이디어를 정리하는 도구를 넘어서, 복잡한 문제를 해결하고, 효과적인 계획을 세우는 데에도 사용될 수 있음을 보여주었습니다.

이처럼 토니 부잔은 마인드 맵을 적극적으로 활용하여 생각과 아이디어를 구조화하고, 이를 바탕으로 다양한 분야에서 성공을 거뒀습니다. 그의 이야기는 마인드 맵이 우리의 생각과 아이디어를 어떻게 효과적으로 관리할 수 있는지, 그리고 이를 통해 어떻게 성공을 이룰 수 있는지를 보여주는 좋은 사례라고 할 수 있습니다.

마인드 맵 작성법

마인드 맵을 작성하는 방법은 크게 어렵지 않습니다. 다음과 같은 단계를 따르면 됩니다.

첫째, 마인드 맵의 가장 중심이 될 주제나 아이디어를 결정합니다. 이것은 당신이 현재 집중하고자 하는 핵심 주제입니다. 이 주제를 종이나 화면의 중앙에 적습니다.

둘째, 중심 주제에서 파생된 주요 아이디어나 하위 주제를 생각해냅니다. 이들을 중심 주제에서 뻗어나가는 가지처럼 그립니다.

셋째, 각 주요 가지에서 더 세부적인 아이디어나 주제를 뻗어나가게 하위 가지를 만듭니다.

넷째, 생각이 도출되는 대로 계속해서 가지를 뻗어나가며 마인드 맵을 확장해갑니다.

다섯째, 색상, 기호, 그림 등 다양한 시각적 요소를 사용하여 마인드 맵을 더욱 명확하고 이해하기 쉽게 만듭니다. 이는 아이디어를 더 잘 기억하는 데에도 도움이 됩니다.

여섯째, 마인드 맵을 만든 후에는 전체 구조를 살펴보고, 필요하다면 정리하거나 수정합니다.

마인드 맵은 복잡한 아이디어나 정보를 명확하게 정리하고 구조화하는 데에 도움이 되므로, 계획을 세우거나 문제를 해결하는 데 매우 유용합니다.

마인드 맵 작성에는 다양한 도구가 있습니다. 종이와 펜을 사용할 수도 있고, 전문적인 마인드 맵 소프트웨어를 사용할 수도 있습니다. 어떤 도구를 사용하든지 간에, 중요한 것은 당신의 생각과 아이디어를 자유롭게 표현하는 것입니다.

11
불필요한 회의를 줄인다

성공하는 사람들은 시간을 효율적으로 활용하는 방법을 잘 알고 있습니다. 그 중 하나가 바로 '불필요한 회의를 줄이는 것'입니다.

회의는 팀원들과 정보를 공유하고, 의사결정을 하는 중요한 도구이지만, 때때로 불필요하게 많은 시간을 차지하기도 합니다. 특히 명확한 목적 없이 이루어지거나, 잘 준비되지 않은 회의는 시간 낭비일 뿐만 아니라, 참석자들의 생산성을 저해하기도 합니다.

그들은 다음과 같은 방법으로 이를 실천합니다.

첫째, 회의의 목적과 필요성을 명확히 합니다. 회의를 통해 무엇을 이루고자 하는지, 그 회의 없이는 해결할 수 없는 문제인지를 먼저 확인합니다.

둘째, 회의 전에 준비를 철저히 합니다. 회의 안건, 필요한 자료, 예상되는 의사결정 등을 미리 준비하여 회의 시간을 효율적으로 사용합니다.

셋째, 회의 시간을 최소화합니다. 짧고 간결한 회의가 종종 긴 회의보다 더 효과적입니다. 효율적인 회의를 위해 시간을 엄격하게 관리하고, 회의 시간을 끝내는 것을 두려워하지 않습니다.

넷째, 필요한 사람만 회의에 참석하게 합니다. 회의에 참석하는 사람이 많을수록, 회의는 길어지고 복잡해집니다. 따라서 결정을 내리는 데 필요한 사람만 회의에 참석하게 합니다.

세계적인 IT 기업인 Amazon의 CEO인 제프 베조스가 불필요한 회의를 줄이는 방법으로 유명합니다.

제프 베조스는 "2 피자 규칙"이라는 독특한 방식을 도입했는데요, 이는 회의시 피자 2판으로 참가자가 먹을 수 있는 정도로 제한하자는 것입니다. 즉, 너무 많은 사람이 참여하면 회의가 비효율적이라는 생각에서 비롯된 것입니다.

제프 베조스는 회의를 최소화하고 그 대신 중요한 일에 집중하도록 팀을 이끌어, Amazon을 세계 최고의 기업 중 하나로 성장시키는 데 성공했습니다.

그 외 몇몇 기업들은 "no meeting day"라는 정책을 도입하여 직원들이 회의에 시간을 쏟는 대신, 창의적인 생각을 할 수 있는 시간을 보장하려 했습니다.

이처럼 불필요한 회의를 줄이고, 필요한 회의만 효율적으로 진행하면, 우리는 많은 시간을 아낄 수 있습니다. 그 시간을 다른 중요한 일에 투자하여 우리의 생산성을 높이고, 우리의 목표를 달성하는 데에 도움을 줄 수 있습니다.

12
한 가지 일에 집중하기

우리 모두는 하루에 24시간을 가지고 있습니다. 똑같은 시간을 가진 이 24시간 동안 어떤 사람은 효율적으로 많은 일을 해내고, 어떤 사람은 시간이 모자라서 아무것도 할 수 없다는 느낌을 받습니다. 그 차이는 무엇일까요? 그 차이는 바로 '한 가지 일에 집중하기'라는 것에서 비롯됩니다.

많은 사람들이 '멀티태스킹', 즉 여러 가지 일을 동시에 처리하는 것이 시간을 효율적으로 쓰는 방법이라고 생각합니다. 그러나 이는 큰 오해입니다. 실제로는 우리의 뇌는 한 번에 한 가지 일에만 집중할 수 있게 설계되어 있습니다. 뇌가 여러 일을 동시에 처리하려고 하면, 오히려 각각의 일에 집중하지 못하고, 일의 품질이 떨어지며, 생각보다 더 많은 시간이 소비됩니다.

그래서 효과적인 시간 관리의 핵심은 '한 가지 일에 집중하기'

입니다. 이를 '싱글태스킹'이라고 부릅니다. 싱글태스킹을 통해 우리는 집중력을 향상시키고, 일의 품질을 높이며, 더 적은 시간 안에 더 많은 일을 처리할 수 있게 됩니다.

그럼 어떻게 한 가지 일에 집중할 수 있을까요? 다음과 같은 방법들을 참고해보세요.

첫 번째로, '우선순위 설정'이 있습니다. 아침에 눈을 뜨자마자, 그날 해야 할 일들을 종이에 적어보세요. 그리고 그 중에서 가장 중요하고 긴급한 일을 먼저 골라보세요. 그 일을 먼저 처리하는 것이 좋습니다.

두 번째로, '분명한 목표 설정'이 있습니다. 작업을 시작하기 전에, 그 작업을 완료하면 얻을 수 있는 구체적인 결과를 머릿속에 그려보세요. 이렇게 목표를 설정하면, 작업에 대한 동기부여가 생기고, 작업에 더 집중할 수 있게 됩니다.

세 번째로, '불필요한 방해요소 제거'입니다. 작업을 수행하는 동안, 주변의 불필요한 소음이나 중단을 최소화하세요. 예를 들어, 핸드폰 알림을 끄거나, 조용한 곳에서 작업하는 것이 좋습니다.

마지막으로, '시간을 정해놓고 작업하기'입니다. '포모도로 기법'이라는 시간 관리 방법을 사용해보세요. 이 방법은 25분 동안 집중해서 작업한 후, 5분간 휴식을 취하는 방법입니다. 이렇게 작업 시간과 휴식 시간을 정해놓으면, 작업에 더 집중하게 되고, 효율적으로 시간을 관리할 수 있습니다.

이렇게 한 가지 일에 집중하는 방법을 통해, 우리는 시간을 훨씬 더 효율적으로 사용할 수 있습니다. 이것이 바로 시간 관리의 핵심입니다.

PART 2

일상 속의 시간관리

01
시간이란 무엇인가

삶이 짧다고 불평하지 마라. 당신에게 주어진 시간은 충분하다. 시간을 낭비하는 것이 아니라 삶을 낭비하는 것이다

- 세네카

시간은 우리가 가진 가장 중요하고 한정된 자원입니다. 우리는 시간을 돈을 벌거나, 지식을 쌓거나, 관계를 유지하거나, 취미를 즐기거나, 휴식을 취하는 데 사용합니다. 이처럼 시간은 우리의 삶의 모든 부분에 깊게 관련되어 있으며, 이를 잘 관리하는 것은 매우 중요합니다.

시간은 우리가 일상에서 경험하는 현상으로, 사건과 사물이 일어나고 진행하는 연속성과 순서를 나타내는 개념으로 우리가 일상생활에서 일어나는 모든 것을 가늠하고 조절하는 근거이기도 합니다.

  자기관리 관점에서 보면 시간은 가장 소중한 자원 중 하나입니다. 이를 효과적으로 관리하고 활용하면 목표를 달성하고 성장하는 데 큰 도움이 됩니다. 시간관리는 우선순위 설정, 목표 설정, 계획 수립, 그리고 활동 조정을 포함합니다. 제한된 시간 내에 할 일을 완료하고, 중요한 일에 집중하며, 생산적인 활동을 통해 목표를 달성하려는 방향으로 시간을 관리해야 합니다. 이런 방식으로 생산성을 향상시키고 스트레스를 줄일 수 있습니다.

  인문학적 관점에서 보면 시간은 인간의 존재와 경험에 깊은 영향을 미치는 주제입니다. 이는 삶의 한정성과 불확실성을 상기시키며, 삶의 의미와 가치에 대한 고찰을 유도합니다. 또한, 시간은 세상을 이해하고 표현하는 데 중요한 역할을 합니다.

  시간은 인류의 역사와 문화 변천을 이해하는 데 중요한 역할을 합니다. 역사적 시간은 인류의 진보와 발전, 문화의 변화와 영향을 이해하는 데 도움을 줍니다. 시간을 통해 과거의 사건과 경험을 학습하고, 미래를 예측하며, 현재를 이해할 수 있습니다.

  또한, 시간은 예술과 문학에서도 중요한 주제입니다. 시간의 흐름과 순간을 표현하는 것은 예술의 기본 원리 중 하나입니다. 예술은 시간의 흐름을 표현하고, 인간의 존재와 연결시키는 역할을 합니다. 문학 작품은 시간의 흐름을 다양한 방식으로 표현하며, 독자들에게 감동과 인사이트를 전달합니다.

이렇게 다양한 관점에서 시간은 삶과 경험에 깊은 영향을 미치는 중요한 개념입니다. 자기관리와 인문학적 관점에서 시간을 이해하고 활용함으로써 더 의미있는 삶을 살고, 목표를 달성하며, 성장하는 데 기여할 수 있습니다.

02
시간이 어떻게 흘려갈까

과거를 애절하게 들여다보지 마라. 다시 오지 않는다. 현재를
현명하게 개선하라. 너의 것이니. 어렴풋한 미래를 나아가
맞으라. 두려움 없이

- 헨리 워즈워스 롱펠로우

시간은 끊임없이 흘러가는 개념으로, 우리가 그것을 제어할 수
없습니다. 그러나 우리가 시간을 인식하고, 활용하는 방법에 따
라 그 효용은 크게 달라질 수 있습니다. 일상생활에서 시간이 어
떻게 흘러가는지 이해하고 그것을 잘 관리하는 것은 자기계발의
중요한 부분입니다.

첫째, 시간의 인식에 대해 얘기해보겠습니다. 우리는 시간을 일

정한 단위로 측정합니다. 초, 분, 시, 일, 월, 년 등의 단위들은 우리가 시간을 구조화하고 계획하는 데 도움을 줍니다. 우리의 일상생활은 이러한 시간 단위에 따라 진행되며, 우리는 일과, 식사, 휴식 등의 활동을 이런 시간 단위에 맞추어 계획하고 수행합니다. 이런 인식이 없다면 우리는 시간을 제대로 활용하지 못하고, 무작위적이고 비효율적인 생활을 하게 될 것입니다.

둘째, 시간관리에 대해 알아보겠습니다. 시간은 한정되어 있으므로, 그것을 효과적으로 활용하는 것이 중요합니다. 시간관리는 우선순위를 정하고, 일정을 계획하며, 시간을 절약하는 방법 등을 포함합니다. 우선순위를 정하면 중요한 일을 먼저 처리하고, 덜 중요한 일을 나중에 할 수 있습니다. 일정을 계획하면 시간을 효율적으로 사용할 수 있습니다. 시간을 절약하는 방법은 다양한데, 예를 들어 불필요한 일을 줄이거나, 일을 빠르게 처리하는 방법 등이 있습니다. 시간을 잘 관리하는 것은 생산성을 향상시키고, 스트레스를 줄이며, 목표를 달성하는 데 도움이 됩니다.

셋째, 시간의 가치에 대해 이야기해보겠습니다. 시간은 매우 가치있는 자원입니다. 시간을 통해 우리는 새로운 지식을 습득하고, 경험을 쌓고, 관계를 유지하고, 목표를 달성할 수 있습니다. 그

래서 시간을 효율적으로 활용하는 것은 매우 중요합니다. 시간을
잘 활용하면 우리는 더 많은 일을 할 수 있고, 더 많은 사람들과
교류할 수 있고, 더 많은 경험을 할 수 있습니다.

03
시간이란 상대적일까

아무 하는 일 없이 시간을 허비하지 않겠다고 맹세하라. 우리
가 항상 뭔가를 한다면 놀라울 만큼 많은 일을 해낼 수 있다

- 토마스 제퍼슨

'시간이 상대적이다'라는 개념에 대해 이해하기 위해서는 우리
가 시간을 어떻게 인식하고 체험하는지를 먼저 이해해야 합니다.
시간의 흐름은 과학적으로는 일정하지만, 우리의 인식 속에서는
그렇지 않을 수 있습니다. 이렇게 우리가 시간을 인식하는 방식
을 '주관적 시간 인식'이라고 합니다.

우리가 재미있는 활동을 하고 있을 때 시간이 '빠르게' 가는 것
처럼 느껴질 수 있습니다. 반대로 지루하거나 불편한 상황에서는
시간이 '느리게' 흐르는 것처럼 느껴질 수 있습니다. 이는 우리의

감정 상태, 활동의 유형, 주의의 집중도 등이 시간 인식에 영향을 미치기 때문입니다. 이런 현상은 '시간 왜곡'이라고도 불리며, 이는 시간의 상대성을 일상생활에서 체험하는 한 가지 방법입니다.

시간 왜곡이란 우리의 감정 상태나 활동의 유형, 주의의 집중도 등에 따라 시간의 흐름을 다르게 느끼는 현상을 말합니다. 이는 주관적인 시간 인식 때문에 발생하며, 이로 인해 동일한 시간이라도 상황에 따라 길게, 또는 짧게 느껴질 수 있습니다.

또 다른 예로는 '시간 왜곡 현상'이 일어나는 상황을 들 수 있습니다. 예를 들어, 긴장된 상황에서는 시간이 느리게 흐르는 것처럼 느껴질 수 있습니다. 이는 스트레스 상황에서 우리의 뇌가 일반적보다 더 빠르게 정보를 처리하고, 이로 인해 시간이 느리게 흐르는 것처럼 느껴지는 것입니다. 이는 '생사의 순간'이나 '무서운 경험' 등에서 흔히 보고되는 현상입니다.

모든 사람에게 하루는 24시간으로 동일하지만, 그 시간을 어떻게 사용하는지에 따라 그 가치는 달라집니다. 예를 들어, 한 사람은 그 시간을 새로운 기술을 배우거나 자기 개발에 투자하는데 사용할 수 있고. 또 다른 사람은 그 시간을 휴식이나 취미 활동에 사용할 수 있습니다. 어떤 선택이 더 나은지는 그 사람의 목표와 가치에 따라 달라집니다.

시간관리 기법 중에는 이러한 시간의 상대성을 고려하는 것들이 있습니다. '피크 시간'을 활용하는 전략은 우리의 집중력과 에너지 수준이 가장 높은 시간에 가장 중요한 작업을 배치하는 것을 권장합니다. 이는 시간의 각 부분이 동일한 가치를 가지지 않고, 우리의 생체 리듬, 상태 등에 따라 그 효율성이 변할 수 있음을 인식하는 것입니다.

04
시간을 관리하는 방법

우선순위를 정하고, 그것에 따라 시간을 배분하라

- 스티븐 코브리

우리는 동일한 24시간을 가지고 있지만, 그 시간을 어떻게 사용하는지에 따라 생산성이나 만족감이 달라집니다. 이를 관리하는 방법에 대해 몇 가지 사례와 함께 설명해드리겠습니다.

첫째, 우선순위 세우기 : 많은 일이 산적해 있을 때, 가장 중요한 일부터 처리하는 것이 중요합니다. 스티븐 코비의 '우선순위 매트릭스'는 긴급성과 중요성을 기준으로 일의 우선순위를 정하는 방법을 제안합니다. 이를 통해 중요하지만 긴급하지 않은 일들을 소홀히 하지 않게 되어, 장기적으로 보면 생산성이 향상됩니다.

스티븐 코비의 우선순위 매트릭스

일의 성격	긴급함	긴급하지 않음
중요함	1사분면 위기 상황이나 절체절명한 일들을 담당합니다. · 마감이 다가오는 프로젝트 · 긴급회의	2사분면 개인의 성장과 발전에 중요한 일들을 다룹니다. · 계획 세우기 · 목표 설정
중요하지 않음	3사분면 다른 사람들로부터 온 요청이나 불필요한 중단 등을 포함합니다. · 불필요한 회의 · 다른 사람의 일에 대한 요청	4사분면 시간 낭비를 의미하는 일들입니다. · 의미없는 활동 · TV 시청

둘째, 시간 블록킹 : 특정 시간을 특정 작업에 할당하는 시간 관리 기법입니다. 이 방법은 우리가 더 집중하고 효율적으로 일할 수 있도록 도와줍니다.

먼저 당신이 해야 하는 일을 명확히 정의합니다. 이는 개인적인 작업일 수도 있고, 업무일 수도 있습니다. 이 작업들의 우선순위를 정하고 그에 따라 시간을 할당합니다.

각 작업에 대해 특정 시간을 설정합니다. 이 시간은 작업의 성격과 당신의 개인적인 생활 패턴에 따라 달라질 수 있습니다. 예를 들어, 집중력이 가장 높은 오전 시간에 가장 중요한 작업을 배치하고, 오후에는 덜 중요한 작업을 처리할 수 있습니다.

설정한 시간 블록을 엄격하게 준수하는 것이 중요합니다. 예를 들어, 10시부터 12시까지는 프로젝트 작업 시간으로 설정했다면, 그 시간 동안은 다른 일을 하지 않고 해당 작업에만 집중해야 합니다.

그러나 모든 계획이 항상 순조롭게 흘러가지는 않습니다. 중요한 일이 생기거나 예기치 못한 상황이 발생할 수 있습니다. 이럴 때는 유연하게 계획을 수정하되, 원칙적으로는 설정한 시간 블록을 지키려고 노력해야 합니다.

시간 블록킹을 사용한 후에는 자신의 작업 효율성이 어떻게 변했는지 평가해보는 것이 좋습니다. 이를 통해 시간 블록킹 계획을 개선하고, 더 효과적으로 시간을 관리하는 방법을 찾을 수 있습니다.

이 기법을 사용하면 시간을 효율적으로 활용하고, 생산성을 높일 수 있습니다. 하지만 개인의 생활 패턴과 작업 스타일에 맞게 조정하고 적용해야 합니다.

시간관리를 통해 목표 달성과 생산성 향상에 성공한 사람 중 한 명으로 엘론 머스크가 있습니다. 테슬라와 스페이스X의 CEO인 그는 매우 바쁜 일정을 관리해야 하지만, 그는 시간을 아주 세밀하게 관리하여 여러 프로젝트를 동시에 진행하고 있습니다.

머스크는 자신의 하루를 5분 단위로 분할하는 '시간 블록킹'이라는 기법을 사용합니다. 이 방법을 통해 그는 각각의 작업에 집중할 수 있는 시간을 확보하고, 중요한 작업을 우선순위에 두어 처리합니다. 이를 통해 그는 매우 바쁜 일정 속에서도 효율적으로 시간을 활용하고, 다양한 목표를 동시에 추진할 수 있습니다.

또한, 그는 회의 시간을 최소화하고, 필요하지 않은 회의는 취소하는 등의 방법으로 시간을 절약합니다. 이런 방식을 통해 그는 더 많은 시간을 생산적인 작업에 집중하는 데 활용하고 있습니다.

이러한 시간관리 전략 덕분에 엘론 머스크는 여러 기업을 운영하고, 많은 혁신적인 제품을 개발하고, 그의 비전을 실현하는 데 성공하였습니다. 이 사례는 효과적인 시간관리가 얼마나 강력한 결과를 가져올 수 있는지를 보여줍니다.

셋째, 주기적 휴식 : 뇌는 긴 시간 동안 집중하면 피로해집니다. 그래서 일정 시간 작업 후에는 휴식을 취하는 것이 중요합니다. 이를 위해 포모도로 기법이 널리 사용됩니다.

포모도로 기법은 프란체스코 시릴로가 개발한 시간관리 방법론으로, 작업을 집중적으로 수행한 후 짧은 휴식을 취하는 방식입니다. "포모도로"라는 단어는 이탈리아어로 토마토를 뜻하는데, 시릴로가 이 기법을 개발할 당시 사용했던 토마토 모양의 타이머에서 이름을 따왔습니다.

1. 작업 설정 : 먼저 집중적으로 수행할 작업을 정합니다.

2. 타이머 설정 : 25분의 타이머를 설정합니다. 이 25분 동안은 선택한 작업에만 집중해서 작업합니다.

3. 작업 진행 : 타이머가 울릴 때까지 작업을 계속합니다.

4. 짧은 휴식 : 25분의 작업이 끝나면 5분 동안 휴식을 취합니다. 이때 스트레칭을 하거나 커피를 마시는 등 자신을 위한 시간을 가져도 좋습니다.

5. 반복 : 위 과정을 네 번 반복한 후에는 좀 더 긴 휴식 시간을 갖습니다. 보통 15분에서 30분 사이의 휴식을 취합니다.

포모도로 기법은 집중력을 높이고 작업의 효율성을 증가시키는 데 도움이 됩니다. 또한 작업과 휴식의 균형을 유지하므로 지속 가능한 생산성을 유지하는 데 효과적입니다.

넷째, 일과 휴식의 균형 : 일과 휴식은 적절한 비율로 이루어져야 합니다. 오래 일해 생산성을 높이려 하지만, 충분한 휴식 없이는 오히려 생산성이 떨어질 수 있습니다. 그래서 적절한 휴식을 취하며 일의 질을 높이는 것이 중요합니다.

한 가지 사례로는 '52-17 룰'이 있습니다. 이는 52분 동안 집중해서 일하고, 그 후 17분 동안 휴식을 취하는 방식입니다. 이 방법은 미국의 사회과학 연구 기관 'The Muse'가 진행한 연구에서 가장 생산성이 높은 사람들의 패턴을 분석한 결과입니다.

이러한 패턴은 우리의 뇌가 집중하는 데 이상적인 시간을 반영하고 있습니다. 일반적으로 우리의 뇌는 1시간에서 2시간 사이에 한 번씩 휴식을 필요로 합니다. 따라서, 이 시간을 기준으로 작업과 휴식의 균형을 맞추면 더 효율적으로 일할 수 있습니다.

또한, 휴식 시간에는 진짜로 휴식을 취하는 것이 중요합니다. 휴식 시간에도 업무 관련 이메일을 확인하거나 업무에 관한 생각을 하게 되면, 이는 진정한 휴식이 아니다. 휴식 시간에는 몸과 마음을 완전히 풀어주는 활동, 예를 들어 산책을 하거나 음악을 듣는 등을 하는 것이 좋습니다.

이와 같이 작업과 휴식의 균형을 잘 맞추는 것은 우리가 건강하게 일하고, 지속적으로 생산성을 유지하는 데 중요한 요소입니다.

시간에도 철학이 있을까

잃어버린 시간은 다시는 찾을 수 없습니다

– 벤자민 프랭클린

시간에 대한 철학은 분명히 존재합니다. 이러한 철학은 '시간의
철학'이라고 불리며, 시간의 본질과 그것이 우리 인간에게 미치는
영향에 대해 탐구합니다.

시간의 철학은 우리에게 많은 도움을 줄 수 있습니다.

첫째, 시간을 어떻게 인식하느냐에 따라 우리의 생활 방식과
가치관이 달라질 수 있습니다. 예를 들어, 시간을 선형적으로 인
식한다면 과거, 현재, 미래가 순차적으로 연결되어 있음을 인식하

게 될 것입니다. 이런 관점에서는 과거의 경험을 통해 현재를 이해하고, 현재의 행동을 통해 미래를 예측하려는 경향이 뚜렷합니다.

반면에, 시간을 순환적으로 인식하는 사람들은 자연의 사이클(낮과 밤, 사계절 등)이나 인생의 주기(출생, 성장, 노년, 죽음 등)를 중요하게 생각할 수 있습니다. 이런 관점에서는 변화와 성장, 재생의 중요성을 강조하게 됩니다.

둘째, 시간의 철학은 우리가 시간을 어떻게 활용하는지에 대한 인식을 높여줍니다. 시간은 한정된 자원이며, 그것을 어떻게 활용하는지에 따라 우리의 생활 품질과 성공 여부가 결정될 수 있습니다. 따라서 시간관리와 효율성에 대한 고민은 자기계발의 중요한 부분입니다.

06
시간관리는 왜 해야 할까

시간은 인생의 원료다. 낭비하지 말고 최선을 다해 활용하라

- 찰스 리처드 스웨이트

　시간관리는 우리가 제한된 시간을 최대한 효율적으로 사용하도록 도와줍니다. 이를 통해 우리는 생산성을 높이고, 스트레스를 줄이며, 자신의 목표를 달성하는 데 필요한 시간을 확보할 수 있습니다. 또한, 시간관리는 우리가 우선순위를 정하고, 더 중요한 일에 집중하도록 도와줍니다. 이러한 이유로, 시간관리는 매우 중요합니다.

　효과적인 시간관리는 우리가 할 일을 더 빠르고 효율적으로 수행하는 데 도움이 됩니다. 이는 우리의 생산성을 향상시키며, 더 많은 일을 더 적은 시간에 할 수 있게 합니다. 한 연구에 따르면

시간을 효과적으로 관리하는 사람들은 일반적으로 더 적은 시간 동안 더 많은 일을 할 수 있습니다. 이는 그들이 시간을 효율적으로 사용하고, 불필요한 작업을 최소화하기 때문입니다.

시간관리를 효율적으로 활용한 사례 중 하나인 유명한 작가 스티븐 킹의 이야기입니다.

그는 매일 최소 2000 단어를 쓰는 것을 목표로 설정하였습니다. 이 목표는 SMART 기준에 따라 구체적[Specific]이고, 측정 가능[Measurable]하며, 실현 가능[Achievable], 관련성이 있고[Relevant], 시간제한이 있는 Time-bound 목표입니다.

스티븐 킹은 이 목표를 통해 일관된 작업 습관을 유지하고, 매일 그의 작업을 추적하였습니다. 그 결과, 그는 수많은 베스트셀러를 썼고, 그의 시간관리 기술은 그의 성공을 크게 이끌었습니다.

이 사례는 시간관리의 중요성을 잘 보여줍니다. 스티븐 킹은 그의 작업에 투자할 시간을 확보하고, 그 시간을 최대한 효율적으로 활용하는 방법을 찾아냈습니다. 그의 목표 설정과 일관된 실행은 그가 지속적으로 생산성을 유지하고, 그의 글쓰기 목표를 달성하는 데 도움을 주었습니다.

이처럼, 시간관리는 우리가 우리의 시간을 효과적으로 활용하고, 우리의 목표를 달성하는 데 중요한 역할을 합니다. 스티븐 킹의 사례처럼, 우리는 시간관리 기술을 활용하여 우리의 목표를 달성하고, 성공을 이룰 수 있습니다.

우리가 할 일이 많고, 시간이 부족하다고 느껴질 때, 우리는 스트레스를 받게 됩니다. 시간을 잘 관리하면 우리는 일과 시간 사이의 균형을 맞추고, 이로 인한 스트레스를 줄일 수 있습니다. 한 연구에서는 시간관리 능력이 높은 사람들이 스트레스를 더 적게 경험하고, 더 행복하다고 응답한 것으로 나타났습니다.

시간관리는 우리가 개인적이나 직장에서의 목표를 달성하는 데 도움이 됩니다. 우리가 시간을 잘 관리하면 우리의 우선순위를 설정하고, 이를 통해 목표를 향해 집중적으로 나아갈 수 있습니다. 시간관리 기법 중 하나인 'SMART 목표 설정'은 효과적인 목표 달성을 위한 방법론으로, 다섯 가지 요소를 갖춘 목표를 설정하는 것을 의미합니다. SMART는 다음과 같은 약어로 설명됩니다.

1. Specific(구체적)

목표는 구체적으로 정의되어야 합니다. 명확하고 구체적인 목표를 설정함으로써 목표를 이해하고 추진하기 쉬워집니다. 예를 들어, "건강을 향상시키기 위해 매주 3회 운동하기"와 같이 구체적인 목표를 세울 수 있습니다.

2. Measurable(측정 가능한)

목표는 측정 가능한 지표나 달성 기준이 있어야 합니다. 이를 통해 목표 달성 상황을 추적하고 평가할 수 있습니다. 예를 들어, "한 달 동안 5kg 체중 감량하기"와 같이 명확한 측정 요소를 가진 목표를 설정할 수 있습니다.

3. Achievable(실현 가능한)

목표는 현실적이고 실현 가능해야 합니다. 현실적인 조건과 자원을 고려하여 목표를 설정하고, 자신의 능력과 가능성을 고려해야 합니다. 목표가 너무 높거나 불가능한 경우에는 동기부여가 저하될 수 있습니다.

4. Relevant(관련성 있는)

목표는 자신의 장기적인 비전이나 가치와 관련이 있어야 합니다. 목표가 개인적인 가치나 목적과 일치하고, 현재 상황과 연결되어야 하며, 달성함으로써 의미 있는 변화나 결과를 가져올 수 있어야 합니다.

5. Time-bound(시간제한)

목표는 명확한 기한이나 마감일을 가져야 합니다. 목표를 달성하기 위한 구체적인 시간제한을 설정함으로써 목표에 대한 압박감과 책임감을 부여하고, 계획을 구체화할 수 있습니다. 예를 들어, "3개월 안에 새로운 언어를 학습하기"와 같이 시간제한을 가진 목표를 설정할 수 있습니다.

SMART 목표 설정은 목표를 구체화하고 달성 가능한 범위로 좁히는 데 도움을 주며, 계획 수립과 목표 추진에 있어서 효과적인 도구입니다. 이를 통해 목표 달성에 대한 명확한 방향과 구체적인 계획을 세울 수 있습니다.

07

시간을 허비하는 행동들이란

시간 낭비는 삶 낭비와 다름없다

– 헨리 포드

시간 낭비는 생산성을 저하시키고 목표 달성을 방해하는 주요 요소입니다. 여기에는 여러 가지 형태가 있지만 몇 가지 일반적인 예를 들어보겠습니다.

무계획적인 소셜 미디어 사용

소셜 미디어는 우리가 정보를 얻고, 사람들과 소통하고, 여가 시간을 보내는 훌륭한 도구입니다. 하지만, 우리가 이를 계획 없이 사용하게 되면, 소셜 미디어는 큰 시간 낭비가 될 수 있습니다. 스크롤하는 데 쉽게 몇 시간이 소비될 수 있으며, 이는 우리가 다른 중요한 일을 처리하는 데 필요한 시간을 빼앗습니다. 이를 방지하기 위해, 특정 시간에만 소셜 미디어를 확인하고, 그 외의 시간에는 알림을 끄는 등의 방법을 사용할 수 있습니다.

새벽에 침대에 누워서 잠들기 전에 잠시 소셜 미디어를 확인하려는 계획이었는데, 그 잠시가 1시간, 2시간으로 길어지는 경우가 있습니다. 이는 계획한 잠자는 시간을 크게 넘어가게 되어, 다음날 일과에 영향을 미치게 됩니다.

또는 일하는 도중에 잠깐 스마트폰을 확인하려는 계획이었는데, 갑자기 흥미로운 게시물이나 동영상을 보게 되면, 이 역시 몇 분이 아닌 몇 십 분을 소셜 미디어에 소비하게 됩니다. 이로 인해 원래 하려던 일에 집중도가 떨어지고, 일의 효율성이 저하될 수 있습니다.

불필요한 회의

회의는 팀의 커뮤니케이션과 결정 과정에 필수적입니다. 하지만, 잘 관리되지 않은 회의는 시간을 낭비하게 만듭니다. 모든 참석자가 준비되지 않았거나, 회의의 목적이 명확하지 않거나, 회의가 너무 길어진다면, 이는 시간의 낭비일 수 있습니다. 이를 해결하기 위해, 항상 회의의 목적을 명확히 하고, 필요한 참석자만 초대하고, 회의 시간을 제한하는 등의 방법을 사용해야 합니다.

멀티태스킹

많은 사람들이 여러 가지 일을 동시에 처리하려고 시도합니다. 이는 효율적인 것처럼 보일 수 있지만, 사실은 그렇지 않습니다. 여러 가지 일을 동시에 처리하려는 시도는 우리의 집중력을 분산시키고, 작업의 품질을 저하시키며, 실제로는 더 많은 시간을 소요하게 만듭니다. 이런 멀티태스킹 대신, 한 번에 한 가지 일에 집중하고, 그 일을 완료한 후 다음 일을 처리하는 것이 더 효율적입니다.

완벽주의

또 다른 시간 낭비의 원인입니다. 모든 일을 완벽하게 하려는 추구는, 실제로는 우리가 작업을 늦추게 만들고, 더 많은 시간을 소비하게 만듭니다. 완벽보다는 '충분히 좋음'을 추구하고, 작업을 완료하는 것에 더 집중해야 합니다.

계획 없는 이메일 확인

이메일은 중요한 커뮤니케이션 도구이지만, 계획 없이 이메일을 계속 확인하고 대응하는 것은 시간 낭비가 될 수 있습니다. 이메일을 확인하고 응답하는 특정 시간을 설정하고, 그 외의 시간에는 이메일을 무시하는 것이 더 효과적입니다.

이러한 시간 낭비의 예를 인식하고, 적절한 시간관리 전략을 사용함으로써, 우리는 우리의 시간을 더 효과적으로 활용하고, 우리의 목표를 달성하는 데 도움이 될 수 있습니다.

08
시간관리의 중요성은 어떻게 알 수 있을까

당신의 시간을 아끼지 않으면,

시간은 당신을 아끼지 않을 것이다

- 헨리 데이비드 소로

시간관리의 중요성을 인식하는 것은 매우 중요합니다. 우리 모두에게 주어진 시간은 일정하며, 이 시간을 어떻게 활용하느냐에 따라 우리의 삶의 질이 결정됩니다.

높은 생산성

시간을 잘 관리하면 할 일을 더 효율적으로 처리할 수 있습니다. 예를 들어, '아이젠하워 매트릭스'는 중요하지만 긴급하지 않은 일(계획, 관계 구축, 자기 개선 등)에 집중하도록 돕습니다. 이러한 일들은 자주 미루어지지만, 장기적으로 보면 가장 큰 성과를 가져다줍니다.

아이젠하워 매트릭스는 미국의 34대 대통령이자 유명한 군인인 드와이트 D. 아이젠하워가 제안한 시간관리 도구입니다. 이 매트릭스는 중요성과 긴급성에 따라 업무를 분류하여 우선순위를 정하는 데 도움을 줍니다.

아이젠하워 매트릭스는 다음과 같이 구성됩니다.

중요하고 긴급한 일 : 이러한 일은 즉시 처리해야 합니다. 예를 들어, 마감이 임박한 프로젝트, 긴급회의 등이 이에 해당합니다.

중요하지만 긴급하지 않은 일 : 이런 일은 계획을 세워 처리해야 합니다. 이들은 개인적인 건강관리, 관계 구축, 자기 계발 등이 있을 수 있습니다.

중요하지 않지만 긴급한 일 : 이들은 가능한 한 다른 사람에게 위임해야 하는 일입니다. 이에 해당하는 예로는, 누군가의 긴급한 요청, 불필요한 회의 등이 있습니다.

중요하지도 긴급하지도 않은 일 : 이러한 일은 가능한 한 피해야 합니다. 이들은 일반적으로 시간 낭비를 초래하는 활동들, 예를 들어, 과도한 TV 시청, 무의미한 소셜 미디어 브라우징 등이 있습니다.

아이젠하워 매트릭스

일의 성격	급한 일	급하지 않은 일
중요한 일	DO 중요하고 긴급한 일	DECIDE 중요하지만 긴급하지 않은 일
중요하지 않은 일	DELEGATE 중요하지 않지만 긴급한 일	ELIMINATE 중요하지도 긴급하지도 않은 일

이 매트릭스를 사용하면 우리는 시간을 훨씬 효과적으로 관리할 수 있습니다. 우리가 어떤 일에 우선순위를 두어야 하는지 명확하게 파악하고, 더 중요한 일에 시간과 에너지를 집중할 수 있게 됩니다. 이는 더욱 생산적이고 효율적인 생활을 가능하게 합니다.

스트레스 감소
시간을 잘 관리하면 마감일에 쫓기는 스트레스를 줄일 수 있습니다. 일과 휴식 시간을 명확하게 구분하고, 일정을 미리 계획하면 마음이 편안해집니다.

목표 달성

시간관리는 우리가 목표를 설정하고 이를 효과적으로 달성하는 데 도움이 됩니다. 예를 들어, '시간 차단' 기법은 특정 시간을 특정 작업에 할애하는 것을 의미합니다. 이 기법을 사용하면 우리는 우리의 목표를 위해 필요한 시간을 확보할 수 있습니다.

시간 차단^{Time Blocking} 기법은 시간관리 전략 중 하나로, 일정 시간을 특정한 업무나 활동에만 집중하도록 예약하는 방법을 말합니다. 이 기법은 과학자, 작가, CEO 등 많은 성공한 사람들이 사용하는 전략 중 하나입니다.

시간 차단 기법을 사용하면 다음과 같은 이점이 있습니다.

첫째, 특정 시간 동안 하나의 업무에만 집중하도록 예약하면, 다른 일에 쉽게 산만해지지 않고 일을 처리하는 데 필요한 집중력을 유지할 수 있습니다.

둘째, 시간을 효과적으로 활용하면 일을 더 빨리 처리할 수 있습니다. 특히, 중요하지만 긴급하지 않은 일(예 : 계획, 학습, 창의적인 작업 등)에 시간을 할애하면 장기적으로 큰 성과를 거둘 수 있습니다.

셋째, 시간 차단 기법을 사용하면 일과 휴식 시간을 명확하게 구분할 수 있습니다. 이는 업무와 개인 생활 사이의 균형을 맞추는 데 도움이 됩니다.

시간 차단 기법을 사용하려면, 먼저 할 일을 세부적으로 나눈 후에, 각각의 작업에 필요한 시간을 예상해봅니다. 그리고 이 시간을 달력이나 다이어리에 표시하여 예약합니다. 이 과정을 반복하면서 자신에게 가장 효과적인 시간 차단 방법을 찾아나가는 것이 중요합니다.

일반적인 사례를 통해 시간 차단 기법에 대해 설명해드리겠습니다.

백미르라는 사람이 있다고 가정해봅시다. 그는 전문 프로그래머로, 일과 가족, 친구들과의 시간, 그리고 개인적인 취미 활동을 모두 관리해야 하는 바쁜 생활을 보내고 있습니다. 그는 항상 시간이 부족하다고 느끼며, 일과 개인 생활 사이에서 균형을 찾는 것이 어렵다고 느낍니다.

그래서 백미르는 시간 차단 기법을 도입하기로 결정했습니다. 그는 먼저 당일 해야 할 일을 명확하게 정의하고 이를 중요성과 긴급성에 따라 분류했습니다. 그 후, 각각의 작업에 필요한 시간을 추정하고 그 시간대를 달력에 기입하여 일정을 설정했습니다.

백미르는 자신의 하루를 다음과 같이 구성했습니다.

· 오전 9시부터 12시까지 : 가장 중요한 프로그래밍 작업에 집중합니다. 이 시간 동안 다른 일에 쉽게 산만해지지 않도록 휴대폰 알림을 끄고, 이메일 확인을 피하며, 집중력을 유지합니다.
· 오후 12시부터 1시까지 : 점심 식사와 휴식 시간입니다. 이 시간을 활용하여 잠시 일에서 벗어나 휴식하고, 에너지를 회복합니다.
· 오후 1시부터 4시까지 : 다른 중요하지만 긴급하지 않은 작업들을 처리합니다. 이 시간에는 문서 작성, 회의, 이메일 확인 등이 포함될 수 있습니다.
· 오후 4시부터 6시까지 : 당일의 마무리 작업과 다음 날의 계획을 세우는 시간입니다.
· 오후 6시 이후 : 개인 시간으로, 가족과 함께하는 시간이나 취미 활동에 할애합니다.

이렇게 시간 차단 기법을 사용한 백미르는 일과 개인 생활 사이에서 균형을 찾는 데 도움이 되었을 뿐만 아니라, 생산성도 향상시키고 스트레스를 감소시키는 데 큰 도움이 되었습니다.

이러한 방식으로 시간 차단 기법을 사용하면, 우리는 시간을 훨씬 효과적으로 관리할 수 있습니다. 우리의 일과 개인 생활 사이에서 균형을 찾고, 우리의 목표를 달성하는 데 도움이 됩니다.

시간의 역사

고대 그리스 철학자들은 시간에 대해 깊은 생각을 하였습니다. 헤라클레이토스는 "판타 레이(모든 것은 흐른다)"라는 말로 유명한데, 이는 시간이 끊임없이 흐르고 변화하는 것을 의미합니다. 반면에 파르메니데스는 시간을 부정하였고, 실체는 변하지 않으며 영원하다고 주장하였습니다.

아리스토텔레스는 시간을 '움직임의 수량'이라고 정의하였습니다. 그는 시간을 측정하는 것이 움직임을 측정하는 것이라고 주장하였습니다. 즉, 시간은 객체가 한 상태에서 다른 상태로 변화하는 과정을 수량화한 것이라고 생각하였습니다.

세기를 거듭하며, 시간에 대한 인식도 변화하였습니다. 중세 시대에는 신의 뜻과 연결된 선형적인 시간 개념이 주를 이루었습니다. 인간의 삶은 탄생, 죽음, 그리고 영원한 생에 대한 준비로 이루어져 있었습니다.

근대 철학자들은 시간에 대한 더 복잡한 이론을 제시하였습니다. 칸트는 시간을 '순수한 형식의 직관'으로 보았습니다. 그에 따르면, 시간은 우리가 세계를 이해하고 경험하는 방식의 일부이며,

세계 그 자체의 속성이 아닙니다.

20세기 철학자인 하이데거는 '존재와 시간'에서 시간을 존재의 본질로 보았습니다. 그에 따르면, 인간의 존재 자체가 시간적인 것입니다.

이처럼 시간에 대한 철학적 고찰은 수많은 철학자들에 의해 다양한 관점에서 탐구되어 왔습니다. 이러한 고찰은 우리가 시간을 이해하고 경험하는 방식에 깊은 영향을 미쳤습니다.

시간측정의 발전과 시간 인식의 변화

시간의 흐름에 대한 인식은 역사적으로 많은 변화를 겪었습니다. 여기서는 시간 측정의 발전과 시간 인식의 변화에 대한 사례를 살펴보겠습니다.

1. 태양시계와 물시계 : 고대 시대에는 태양의 위치를 통해 시간을 측정했습니다. 이를 위해 태양시계가 사용되었는데, 이는 태양의 위치에 따라 그림자의 위치가 변하는 원리를 이용한 것입니다. 그러나 태양시계는 날씨와 계절에 따라 정확도가 달라지는 단점이 있었습니다. 이후로, 물시계이 나오게 되었는데, 이는 물이 일정한 속도로 흐르는 원리를 이용해 시간을 측정하는 방법이었습니다.

2. 기계식 시계의 발전 : 14세기에 기계식
시계가 등장하면서 시간 측정의 정확도가
크게 향상되었습니다. 이후로 시계는 점차
작아지고 정확해져서 개인이 소지할 수 있
는 손목시계가 개발되었습니다. 이로 인해
사람들은 개인적인 시간관리가 가능해졌고, 일상생활에서 시간
의 중요성이 크게 부각되었습니다.

3. 산업혁명과 시간 인식의 변화 : 산업혁명 시대에는 시간의 효
율적인 활용이 중요해졌습니다. 공장에서는 시간에 따라 근무를
계획하고, 열차는 시간표를 통해 운행되었습니다. 이러한 변화로
인해 사람들은 시간을 엄격하게 인식하게 되었고, 시간관리의 필
요성이 부각되었습니다.

4. 디지털 시대의 시간 인식 : 디지털 기술
의 발전으로 인해 우리의 시간 인식은 더욱
변화하였습니다. 스마트폰과 인터넷을 통해
시간과 장소에 구애받지 않고 정보를 얻고
커뮤니케이션을 할 수 있게 되었습니다. 이
로 인해 시간의 선형적인 흐름보다는 개인

의 활동에 따른 시간의 흐름이 중요해지는 경향이 있습니다.

이렇게 시간의 흐름에 대한 인식은 인류의 역사와 함께 계속 발전하고 변화해 왔습니다. 이는 인류의 기술적 발전과 문화적 변화를 반영한 것으로 볼 수 있습니다.

시간의 상대성에 대한 사례

시간의 상대성에 대한 역사적인 사건이나 사례로는 아인슈타인의 상대성 이론을 들 수 있습니다. 1905년, 아인슈타인은 특수 상대성 이론을 제안했고, 이는 시간과 공간이 상대적인 개념이라는 것을 주장했습니다. 그는 이후 1915년에 일반 상대성 이론을 제안하여 시간이 중력에 영향을 받아 느리게 흐를 수 있다는 개념을 도입했습니다.

이러한 이론은 우리가 시간을 이해하는 방식에 큰 변화를 가져왔습니다. 그러나 이러한 물리학적인 시간의 상대성과는 별개로, 일상생활에서 우리가 경험하는 시간의 상대성은 다른 원리에 기반합니다. 이는 우리의 감정 상태, 활동의 유형, 주의의 집중도 등에 따라 시간 인식이 변할 수 있다는 것을 의미합니다.

예를 들어, 고대 시대의 사람들은 태양의 움직임에 따라 시간을 측정했습니다. 그러나 이 방법은 날씨와 계절에 따라 시간의 길이가 달라질 수 있으므로, 시간의 상대성을 체험하는 한 가지 방법이었습니다. 이후 기계식 시계의 발명으로 시간 측정의 정확도가 향상되었지만, 사람들이 시간을 어떻게 체험하느냐에 따라 그 인식은 여전히 상대적이었습니다.

산업혁명 시대에는 시간의 효율적인 활용이 중요해졌습니다. 사람들은 시간을 더 엄격하게 관리하게 되었고, 이는 시간의 가치를 상대적으로 인식하는 데 큰 영향을 미쳤습니다.

따라서 시간의 상대성은 역사적으로 물리학적인 이론부터 일상생활의 경험에 이르기까지 다양한 형태로 나타납니다. 이는 시간이라는 개념이 우리의 생활과 사회, 문화, 과학 등 다양한 분야에 깊게 뿌리내려 있음을 보여줍니다.

PART 3

당신의 시간을 설계해드립니다

01

나만의 시간을 만들자

나만의 시간을 만드는 방법은 크게 세 가지 단계로 나눌 수 있습니다.

1단계 : 자신의 시간을 인식하기

첫 번째 단계는 자신의 시간에 대해 잘 알아보는 것입니다. 우리가 하루를 보내는 데 있어서 어떤 활동에 얼마나 많은 시간을 투자하는지를 파악하는 것이 중요합니다. 이를 위해 일주일 동안 자신의 활동을 기록해보는 것이 좋습니다. 예를 들어, 출퇴근 시간, 식사 시간, 업무 시간, 여가 시간 등을 정확하게 기록해보세요. 이렇게 하면 어느 활동에 시간을 가장 많이 쓰는지, 어떤 시간대에 가장 활동적인지 등을 알 수 있습니다.

2단계 : 시간을 계획하기

두 번째 단계는 시간을 계획하는 것입니다. 앞서 파악한 자신의 시간 패턴을 바탕으로 하루를 어떻게 보낼지, 어떤 일을 언제 할지를 결정합니다. 이때 중요한 것은 자신의 시간을 합리적으로 분배하고, 유연하게 조정할 수 있는 능력입니다. 예를 들어, 자신이 아침에 가장 집중력이 높다면, 그 시간에 중요한 업무를 처리하도록 계획하고, 오후에는 상대적으로 덜 중요한 일이나 휴식 시간을 배정할 수 있습니다.

3단계 : 계획을 실행하고 평가하기

마지막 단계는 계획을 실행하고 그 결과를 평가하는 것입니다. 계획한대로 시간을 보내고, 그 결과가 만족스러운지, 아니면 어떤 부분을 개선해야 하는지를 평가합니다. 이 과정에서 자신의 시간 관리 능력을 향상시킬 수 있습니다.

위의 방법들은 일반적인 시간관리 방법이지만, 개인의 상황과 성향에 따라 유연하게 적용할 수 있어야 합니다. '나만의 시간'을 만드는 것은 결국 자신만의 독특한 시간관리 방식을 찾아내는 것이기 때문입니다.

02
시간을 제어하는 습관을 만들자

우리는 매일 시간이 부족하다고 느낍니다. 그 이유는 우리가 시간을 제대로 관리하지 못하기 때문입니다. 따라서 시간을 제어하는 습관을 만드는 것이 중요합니다.

서준이라는 사람이 있습니다. 서준이는 매일 아침 8시에 일어나서 아침식사를 하고, 9시에 출근해서 6시에 퇴근한 뒤, 7시에 저녁을 먹고, 8시부터 10시까지는 취미활동을 하고, 11시에 잠자리에 듭니다. 그런데 서준이는 항상 시간이 부족하다고 느꼈고 무엇이 문제일까 고민하다 시간을 제어하는 습관을 만들기로 결정했습니다.

먼저, 자신의 하루를 시간별로 나누어 시간표를 만들었습니다. 그리고 그 시간표에 따라 하루를 보내기 시작하였고, '시간 로그'를 작성하기 시작했습니다. 시간 로그는 자신이 하루동안 무엇을 했는지, 그에 얼마나 많은 시간을 썼는지 기록하는 것입니다. 이를 통해 서준이는 어떤 활동에 시간을 많이 쓰는지, 어떤 활동은 시간을 적게 쓰는지 파악할 수 있었습니다.

서준이는 시간을 제어하는 습관을 만들었고, 그로 인해 더 이상 시간이 부족하다고 느끼지 않았습니다. 이처럼 시간을 제어하는 습관을 만드는 것은 우리 모두에게 필요한 것입니다.

시간 로그 작성하는 법

시간 로그는 하루 동안 얼마나 시간을 어떻게 사용했는지를 기록하는 방법입니다. 이를 통해 자신이 시간을 어떻게 사용하고 있는지 명확하게 인식할 수 있고, 이를 통해 시간을 더 효율적으로 관리할 수 있게 됩니다. 시간 로그를 작성하는 방법은 다음과 같습니다.

첫째, 시간 로그 작성 도구 선택 : 노트나 일기장, 스마트폰이나 컴퓨터의 메모장 등을 활용하면 됩니다. 어떤 도구를 선택하더라도 본인이 편하게 접근하고 기록을 남길 수 있어야 합니다.

둘째, 하루를 세부적인 시간 단위로 나누기 : 대부분의 사람들은 15분 또는 30분 단위로 하루를 나눕니다. 이 시간 단위는 개인의 활동 패턴과 일정에 따라 조절할 수 있습니다.

셋째, 활동과 그에 소요된 시간 기록 : 나눈 시간 단위에 맞춰 자신이 한 활동과 그에 소요된 시간을 기록합니다. 예를 들어, '아침식사 - 30분', '출근길 - 1시간' 등과 같이 기록하면 됩니다.

넷째, 기록한 로그 확인 및 분석 : 일주일 동안의 로그를 모아보고, 어떤 활동에 가장 많은 시간을 보냈는지, 어떤 활동이 가장 효율적이었는지 분석합니다. 이를 통해 시간 낭비를 줄이고, 시간을 효율적으로 사용하는 방법을 찾아볼 수 있습니다.

다섯째, 시간 로그를 통한 계획 수정 및 개선 : 분석한 결과를 바탕으로 자신의 시간 사용 패턴을 개선하고, 더 효율적인 일정 계획을 세울 수 있습니다.

이렇게 시간 로그를 작성하고 분석하는 과정을 통해 자신이 하루 동안 어떤 활동에 얼마나 많은 시간을 할애하고 있는지를 파악하고, 시간을 더 효율적으로 관리하는 습관을 길러나갈 수 있습니다.

03
시간을 설계하는 노하우

시간을 설계하는 것은 매우 중요합니다. 우리가 갖고 있는 시간은 한정되어 있기 때문에, 그 시간을 어떻게 사용하느냐에 따라 우리의 삶의 질이 결정됩니다. 시간을 잘 설계하면, 동일한 시간에 더 많은 일을 할 수 있습니다. 즉, 생산성이 높아집니다. 이로 인해 개인적으로는 더 많은 성취감을 느낄 수 있고, 기업 입장에서는 더 많은 이익을 창출할 수 있습니다.

시간이 부족하다는 느낌은 스트레스를 유발합니다. 반면, 시간을 잘 설계하면 일을 마감 시간 내에 끝내는 것이 가능해져 스트레스를 감소시킬 수 있습니다.

개인이나 기업이 목표를 달성하기 위해서는 계획이 필요합니다. 이 계획에는 시간 설계가 반드시 포함되어야 합니다. 때문에 시간을 잘 설계하면 목표 달성 가능성이 높아집니다.

시간을 잘 설계하면 업무와 개인 생활 사이의 균형을 유지하는 데 도움이 됩니다. 이를 통해 삶의 만족도를 높일 수 있습니다. 몇 가지 노하우가 필요합니다.

1. 목표 설정

우선, 당신이 어떤 것을 이루고 싶은지에 대한 명확한 목표를 설정해야 합니다. 예를 들어, '올해 안에 TOEIC 900점 이상 받기', '다이어트해서 몸무게 5kg 감량하기' 등과 같은 목표입니다.

2. 우선순위 결정

다음으로, 당신의 목표를 달성하기 위해 어떤 일부터 해야 할지 결정해야 합니다. 이를 위해 앞에서 설명한 '아이젠하워 매트릭스'를 활용할 수 있습니다. 이는 '중요한 일'과 '긴급한 일'을 기준으로 일을 분류하고 우선순위를 결정하는 방법입니다.

3. 일정 계획

이제 당신의 목표와 우선순위에 따라 일정을 계획해야 합니다. 이때 '타임 블로킹' 기법을 활용할 수 있습니다. 타임 블로킹은 시간관리 기법 중 하나로, 하루를 여러 개의 '블록'으로 나누고 각 블록에 특정한 활동이나 작업을 할당하는 방법입니다. 이는 일과 시간을 더욱 집중적이고 효율적으로 관리하는 데 도움이 됩니다.

타임 블로킹을 사용하는 방법은 아래와 같습니다.

할 일 목록 작성

먼저, 당신이 해야 할 일들을 모두 목록으로 작성합니다. 이는 당신이 어떤 일을 해야 하는지 명확하게 인식하는 데 도움이 됩니다.

시간 블록 설정

그 다음, 하루를 여러 개의 시간 블록으로 나눕니다. 이때 각 블록의 길이는 당신의 일과 패턴과 개인적인 선호에 따라 다를 수 있습니다. 일반적으로는 1~3시간 정도로 설정합니다.

작업 할당

각 시간 블록에 할 일을 할당합니다. 이때 중요한 일부터 할당하고, 그 다음으로 중요도가 낮은 일을 할당하는 것이 좋습니다.

블록 별 집중

할당된 시간 동안은 그 일에만 집중하며, 다른 일을 하거나 방해를 받지 않도록 합니다. 이렇게 하면 효율적으로 일을 처리할 수 있습니다.

평가 및 수정

하루가 끝나면 당신의 타임 블로킹이 얼마나 효과적이었는지 평가하고, 필요하다면 수정합니다. 이는 당신의 타임 블로킹 기법을 지속적으로 개선하는 데 도움이 됩니다.

타임 블로킹은 시간을 효과적으로 관리하고, 중요한 일에 집중하며, 생산성을 높이는 데 도움이 됩니다. 하지만 이 기법이 모든 사람에게 효과적이라는 것은 아니므로, 당신의 일과 패턴과 라이프스타일에 맞게 조정하여 사용하는 것이 중요합니다.

4. 일정 관리

마지막으로, 중요한 것은 시간을 효과적으로 사용하는 것입니다. 이를 위한 다른 방법 중 하나는 '타임 박싱'입니다.

타임 박싱

이 방법은 당신의 일과를 미리 정해진 시간 박스, 즉 시간 구간에 할당하는 것입니다. 예를 들어, 오전 9시부터 11시까지는 업무를 처리하고, 11시부터 12시까지는 이메일을 확인하고 회신하며, 1시부터 3시까지는 프로젝트 작업을 하는 등으로 하루를 시간

박스로 나누는 것입니다.

80/20 법칙 (파레토 원칙)

이 원칙은 우리의 결과의 80%는 노력의 20%에서 온다는 것을 의미합니다. 따라서 중요한 20%에 집중하면 더 큰 성과를 얻을 수 있습니다. 일정을 관리할 때 이 원칙을 기억하고 중요한 작업에 집중하도록 노력해보세요.

배치 처리

비슷한 유형의 작업을 한꺼번에 처리하는 것을 배치 처리라고 합니다. 이 방법은 작업 간 전환하는 데 드는 시간을 절약하고 집중력을 유지하는 데 도움이 됩니다. 이메일을 확인하는 시간을 하루에 한 두 번만 정해놓고 그때 모아서 처리하는 것이 배치 처리의 예입니다.

04
나만의 시간 루틴 만들기

일상에 통합하는 나만의 시간 루틴이란, 본인만의 생활 패턴과 일정에 맞게 시간을 조직화하고, 그것을 일상에 체계적으로 적용하는 것을 의미합니다. 이를 통해 우리는 생산성을 향상시키고, 스트레스를 감소시키며, 더욱 풍요로운 삶을 즐길 수 있습니다.

첫째, 일찍 일어나기 : 사이쇼 히로시의 '아침형 인간'이나 할 엘로드의 '미라클 모닝'에서는 아침 일찍 일어나서 그 시간을 개인적인 발전에 집중하는 것을 강조합니다. 아침 시간은 대부분의 사람들이 아직 잠든 시간이므로, 방해받지 않고 자신을 위한 시간을 가질 수 있습니다. 아침에 일어나서 운동을 하거나, 개인적인 목표를 위해 공부를 하거나, 명상을 하는 등의 활동을 할 수 있습니다. 이 시간에 집중하면, 하루를 시작하기 전에 이미 목표를 위한 노력을 기울인 것이므로, 하루를 긍정적으로 시작할 수 있습니다.

물론, 모든 사람이 아침형 인간은 아니며, 개인의 생체리듬에 따라서 아침에 활동하기 어려울 수도 있습니다. 그러나 아침에 일어나서 시간을 활용하는 것은 많은 사람들이 더 생산적이고 효율적인 하루를 보내는 데 도움이 되는 방법 중 하나입니다.

둘째, ToDo 리스트 활용 : ToDo 리스트는 우리의 일상과 업무를 체계적으로 관리하는데 매우 유용한 도구입니다. ToDo 리스트를 활용하는 방법에는 여러 가지가 있지만, 기본적인 원칙 몇 가지를 알아보겠습니다.

작성하기

하루가 시작하기 전이나 전날 저녁에 다음날 해야 할 일들을 모두 적어보세요. 이것은 당신이 얼마나 바쁜지, 무엇을 먼저 처리해야 하는지를 명확하게 인식하는 데 도움이 됩니다.

우선순위 정하기

모든 일이 동등하게 중요한 것은 아닙니다. 무엇을 먼저 처리해야 할지 결정하기 위해, 각각의 항목에 대해 중요도와 시급성을 고려하여 우선순위를 매겨보세요.

분할하기

큰 일을 작은 단위로 나누어 보세요. 이렇게 하면 큰 일이 주는 압박감을 줄일 수 있으며, 작은 단위로 나누어진 일을 하나씩 해결해 나가는 것이 더욱 용이해집니다.

체크하기

할 일을 완료하면 체크하거나 지워보세요. 이 과정에서 성취감을 느낄 수 있으며, 이는 투두리스트를 지속적으로 사용하는 동기를 부여합니다.

유연하게 대응하기

항상 예상치 못한 일이 생길 수 있습니다. 투두리스트는 계획을 돕는 도구일 뿐, 절대적인 규칙이 아닙니다. 상황에 따라 투두리스트를 수정하거나 조정하는 유연성을 가져야 합니다.

이렇게 ToDo 리스트를 활용하면, 일과 생활을 효율적으로 관리하고, 더욱 생산적인 시간을 보낼 수 있습니다.

[ToDo 리스트]

셋째, 시간 기록 : 어떤 활동에 얼마나 시간을 할애하는지 기록하는 것도 좋습니다. 이를 통해 시간이 어디로 가는지, 어떤 활동이 가장 많은 시간을 차지하는지 알 수 있습니다.

이러한 방법들을 일상에 통합하면, 우리는 더욱 생산적이고, 효율적인 삶을 살 수 있습니다.

05
효율적인 시간 배분을 위한 전략

시간을 어떻게 배분하느냐는 개인의 일과 삶의 질에 큰 영향을 미칩니다. 효율적인 시간 배분 전략을 통해 일과 개인적인 시간, 휴식 시간 등을 적절히 조절하면, 생산성을 높이고 스트레스를 줄일 수 있습니다. 다음은 이를 위한 몇 가지 전략입니다.

첫째, 파킨슨의 법칙 활용 : 사이러스 파킨슨이 제안한 시간관리에 관한 이론으로, "일은 할당된 시간 내에 완료된다"는 원리를 의미합니다. 즉, 어떤 일에 대해 더 많은 시간을 할당하면, 그 일을 수행하는 데에도 그만큼 시간이 늘어나게 된다는 뜻입니다. 예를 들어, 보고서 작성에 2시간을 할당하면 2시간 동안 보고서를 작성하게 되고, 같은 보고서 작성에 4시간을 할당하면 4시간 동안 보고서를 작성하게 됩니다. 결국 같은 결과물을 만드는 데 더 많은 시간이 소요되게 됩니다.

이 법칙은 우리가 일을 하는 방식과 시간을 인식하는 방식에 대한 통찰을 제공합니다. 우리는 종종 주어진 시간을 모두 사용하려는 경향이 있기 때문에, 일에 너무 많은 시간을 할당하면 비효율적으로 시간을 사용하게 될 수 있습니다.

따라서 이 법칙을 활용하여 효과적인 시간관리를 하려면, 각 일에 필요한 적절한 시간을 할당하고 그 시간 내에 일을 완료하려는 노력이 필요합니다. 이를 통해 시간을 더 효율적으로 사용할 수 있습니다.

둘째, 일과 휴식 : 효과적인 시간 배분 전략 중 하나는 일과 휴식을 적절히 교대하는 것입니다. 연속적으로 긴 시간 동안 일하는 것보다, 일정 시간 동안 집중적으로 일한 후 적절한 휴식을 취하는 것이 더 효과적일 수 있습니다. 이는 뇌가 지속적으로 일에 집중하기 보다는, 짧은 휴식을 통해 재충전하는 것이 더 효율적이기 때문입니다.

셋째, 간트 차트 활용 : 프로젝트의 여러 작업을 시간에 따라 시각적으로 표현하는 도구입니다. 20세기 초에 헨리 간트가 개발하였으며, 프로젝트 관리에서 널리 사용되고 있습니다.

간트 차트의 가로축은 시간을, 세로축은 프로젝트의 개별 작업을 나타냅니다. 각 작업은 가로 막대로 표시되며, 막대의 시작점은 작업의 시작 시점, 끝점은 완료 시점을 나타냅니다. 따라서 간트 차트를 통해 각 작업의 시작과 끝, 지속 기간, 중요한 마일스톤, 작업 간의 의존성 등을 한눈에 파악할 수 있습니다.

간트 차트는 프로젝트의 전체 진행 상황을 쉽게 이해할 수 있게 해주므로, 프로젝트 팀원들이 일정을 조정하거나, 리소스를 배분하거나, 중요한 결정을 내리는 데 도움이 됩니다. 또한, 개인의 시간관리에도 활용할 수 있으며, 특히 여러 과제나 프로젝트를 동시에 진행해야 하는 경우 유용합니다.

간트 차트를 직접 그리거나, 다양한 프로젝트 관리도구나 소프트웨어를 통해 생성하고 관리할 수 있습니다. 이를 통해 시간을 효과적으로 관리하고, 일정을 명확하게 계획하며, 생산성을 높일 수 있습니다.

업무계획	구분	시작일자	소요기간	종료일자	1/1	1/2	1/3	1/4	1/5	1/6	1/7	1/8	1/9	1/10	1/11	1/12	1/13	1/14	1/15	1/16
저자섭외	Plan	2023-01-01	5일	2023-01-05																
	Act	2023-01-01	3일	2023-01-03																
원고초안	Plan	2023-01-06	4일	2023-01-09																
	Act	2023-01-06	4일	2023-01-09																
원고수정	Plan	2023-01-10	5일	2023-01-14																
	Act	2023-01-10	5일	2023-01-14																
최종원고	Plan	2023-01-15	2일	2023-01-16																
	Act	2023-01-15	2일	2023-01-16																

넷째, 타임 로깅 : 자신이 하루 동안 어떻게 시간을 사용하는지를 기록하는 활동입니다. 이는 일종의 자기 관찰 방법으로, 자신의 시간 사용 패턴을 이해하고, 시간 낭비를 줄이며, 생산성을 향상시키는 데 도움이 됩니다.

타임 로깅을 시작하는 가장 간단한 방법은, 하루동안 자신이 어떤 활동을 얼마나 오래 하는지를 기록하는 것입니다. 예를 들어, 일하는 시간, 이메일을 확인하는 시간, 소셜 미디어를 사용하는 시간, 휴식을 취하는 시간, 운동하는 시간 등을 기록할 수 있습니다.

이런 기록을 일주일 이상 지속하면, 자신의 시간 사용 패턴이 드러나게 됩니다. 이를 통해 어떤 활동이 가장 많은 시간을 차지하는지, 어떤 활동이 불필요하게 많은 시간을 차지하는지, 어떤 시간대에 가장 생산적인지 등을 알 수 있습니다.

기록한 결과를 바탕으로, 시간 낭비를 줄이고, 중요한 일에 더 많은 시간을 할애하는 등 시간관리 전략을 재조정할 수 있습니다.

이렇게 타임 로깅을 통해 시간을 의식적으로 관리하게 되면, 더 효율적인 시간 사용이 가능하게 되고, 생산성 또한 향상될 수 있습니다.

다섯째, 1-3-5 규칙 활용 : 하루의 할 일을 구조화하는 방법 중 하나로, 이 규칙에 따르면 하루의 일을 '큰 일 1개, 중간 크기의 일 3개, 작은 일 5개'로 구분하게 됩니다.

큰 일 1개

이는 하루 동안 가장 중요하거나 시간이 많이 소요되는 일입니다. 예를 들어, 프로젝트의 주요 부분을 완성하거나, 중요한 회의를 준비하는 등의 일이 될 수 있습니다.

중간 크기의 일 3개

이는 큰 일보다는 시간이 적게 소요되지만, 여전히 중요한 일들입니다. 이러한 일들은 큰 일을 완성하는 데 도움이 되거나, 다른 중요한 목표를 달성하는 데 필요할 수 있습니다.

작은 일 5개

이는 빠르게 처리할 수 있는 간단한 일들입니다. 이러한 일들은 이메일 확인, 전화 통화, 서류 정리 등 일상적인 업무일 수 있습니다.

이 규칙은 하루의 일을 우선순위에 따라 구분하고, 그에 따라 시간을 배분하는 것을 돕습니다. 이를 통해 일과의 균형을 이루고, 시간을 효율적으로 관리할 수 있습니다. 또한, 이 규칙은 일의 양을 제어하여 과부하를 방지하고, 작업의 집중력을 높이는 데에도 도움이 됩니다.

06
시간을 최적화하는 3가지 노하우

시간을 최적화하는 가장 효과적인 방법은 루틴을 만들고, 싱글태스킹을 하며, 시간 기록을 하는 것입니다. 일정한 루틴을 만들면 습관적으로 일을 처리하게 되어 시간을 절약할 수 있습니다. 여러 일을 동시에 처리하기보다 한 가지 일에 집중하는 싱글태스킹은 일을 더 빠르고 정확하게 처리하게 해줍니다. 또한, 시간을 어떻게 사용하는지 기록하면 어디에 시간을 많이 쓰는지, 어떤 일에 시간을 더 투자해야 하는지 파악할 수 있습니다. 이런 방법들을 꾸준히 실천하면 시간을 최적화하고, 더 많은 일을 할 수 있습니다.

첫째, 루틴 만들기 : 미숙이는 매일 아침 기상 후 운동을 하는 일정한 루틴을 가지고 있어요. 이 루틴은 미숙이가 하루를 시작하는 데 도움이 됩니다. 루틴을 만든다는 것은 특정한 활동을 일정한 순서로 반복하는 것을 말해요. 처음에는 의식적인 노력이 필요하지만, 시간이 지나면서 이 활동이 습관이 되어 무의식적으로 수행하게 됩니다. 이렇게 일정한 루틴을 통해 시간을 효율적으로 관리하고 있어요.

 루틴을 만들어 성공에 이르게 된 사례 중에서 스티브 잡스의 사례는 매우 유명합니다. 스티브 잡스는 애플의 공동 창업자이자, 새로운 테크놀로지를 선도한 혁신가로 널리 알려져 있습니다.

그러나 그의 일상적인 루틴 중 하나는 매우 단순했습니다. 그는 매일 같은 옷, 즉 검은색 목티와 청바지, 그리고 운동화를 착용했습니다. 이렇게 매일 같은 옷을 입는 것이 그의 루틴이었습니다.

이런 루틴은 결정 피로를 줄이기 위한 것이었습니다. 결정 피로란 하루 동안 수많은 결정을 내리다 보면 결정력이 떨어지는 현상을 말합니다. 이를 경감하기 위해 스티브 잡스는 옷을 고르는 것과 같은 작은 결정들을 줄였습니다. 그로 인해 그는 더 중요한 결정에 집중하고, 그 결정력을 유지할 수 있었습니다.

그의 이런 루틴은 그가 시간과 에너지를 효율적으로 사용하도록 도와주었습니다. 그로 인해 그는 자신의 창의력과 집중력을 더 중요한 일에 쏟아부을 수 있었습니다.

둘째, 싱글태스킹 : 경수는 일을 할 때 여러 가지 일을 동시에 하지 않아요. 한 가지 일에 집중해서 빠르고 효과적으로 처리해요. 일반적으로 여러 일을 동시에 처리하려고 하면, 사실 그 어떤 일도 제대로 집중하지 못하는 상황이 발생해요. 반면에 한 가지 일에만 집중하면, 그 일을 더 빠르고 정확하게 처리할 수 있습니다. 경수는 이렇게 한 가지 일에만 집중함으로써 시간을 절약하고 있어요.

싱글태스킹의 효과를 잘 보여주는 사례 중 하나는 마이크로소프트의 공동 창업자인 빌 게이츠입니다. 빌 게이츠는 전 세계에서 가장 부유한 사람 중 한 명이며, 그의 성공 비결 중 하나로 싱글태스킹이 거론됩니다.

빌 게이츠는 '딥 워크'라는 개념을 통해 싱글태스킹의 중요성을 강조했습니다. 딥 워크란 고도로 집중된 상태에서 수행하는 작업을 말하며, 이는 고요하고 방해받지 않는 환경에서 복잡한 작업을 수행하는 것을 의미합니다.

이러한 딥 워크를 통해 한 가지 일에 집중하며 그 일을 완성하는 데 필요한 시간을 확보했습니다. 그는 이를 '빅 블록 타임'이라고 부르며, 이 시간 동안에는 다른 일에 신경쓰지 않고 오직 한 가지 작업에만 집중합니다. 이 시간이 끝나면 그는 다른 작업으로 넘어가는 방식으로 일을 진행합니다.

이런 방식을 통해 빌 게이츠는 각 작업에 필요한 시간을 확실히 보장하면서도 작업 간의 전환으로 인한 시간 손실을 최소화했습니다. 또한, 한 가지 일에 집중함으로써 그 작업의 품질을 높이고, 그 일을 더 빨리 완료하는 데에도 도움이 되었습니다.

셋째, 시간 기록하기 : 영아는 자신이 하루동안 시간을 어떻게 사용하는지 기록해요. 이를 위해 영아는 스마트폰이나 노트북에 시간을 기록하는 앱을 사용해요. 이런 기록을 통해 자신이 시간을 어디에 많이 사용하는지, 어떤 일에 시간을 더 투자해야 하는지 파악할 수 있습니다. 그리고 이런 정보를 바탕으로 시간을 더 효과적으로 사용하고 있어요.

시간 관리에 있어서 가장 유명한 사례 중 하나는 미국의 초기 역사를 주도한 벤자민 프랭클린의 사례입니다. 그는 정치가, 과학자,

발명가 등으로 알려져 있지만, 그의 시간 관리 능력 역시 뛰어났습니다.

 벤자민 프랭클린은 매일 아침, 그의 하루가 시작할 때 자신에게 "오늘 나는 무엇을 이루려 하는가?"라는 질문을 던집니다. 이 질문을 통해 그는 그날의 목표를 명확하게 설정하고, 그 목표를 이루기 위해 필요한 일들을 세분화하여 시간대별로 나누어 기록했습니다.

그의 하루는 일찍 일어나는 것으로 시작했고, 그는 이 시간을 '개인적인 공부와 계획 수립'에 사용했습니다. 그리고 그는 점심시간을 '일과 공부'에, 오후 시간을 '실질적인 일'에, 저녁 시간을 '휴식과 반성'에 사용했습니다.

이렇게 그는 매일 자신의 시간을 세밀하게 계획하고 그 계획대로 하루를 보냈습니다. 그 결과 그는 다양한 분야에서 성과를 이루는 데 성공했으며, 그의 시간 관리 능력은 많은 사람들에게 모범이 되었습니다.

벤자민 프랭클린의 이런 실천은 우리에게 다음과 같은 교훈을 줍니다. 첫째, 우리는 명확한 목표를 설정해야 합니다. 이를 통해 우리는 우리의 시간을 어떻게 활용할지 결정할 수 있습니다. 둘째, 우리는 우리의 시간을 세분화하여 계획해야 합니다. 이를 통해 우리는 우리의 시간을 효과적으로 관리할 수 있습니다.

이렇게 시간을 효율적으로 사용하는 노하우는 사람마다 다르겠지만, 자신에게 맞는 방법을 찾아서 꾸준히 실천하는 것이 중요해요. 이렇게 하면 시간을 최적화하고, 더 많은 일을 할 수 있답니다.

07
휴식으로 시간 최적화하기

적절한 휴식과 집중력 있는 작업을 통해 시간을 효율적으로 활용하는 방법이 있습니다.

이는 울트라디안 리듬, 즉 90분에서 120분 사이의 주기로 휴식을 취하는 것을 기반으로 합니다. 이 기법은 포모도로 기법과 같이 작업 시간과 휴식 시간을 교대로 설정하는 방법을 활용하기도 합니다. 디지털 디톡스를 통해 디지털 기기로부터의 의존성을 줄이고, 더욱 집중력 있는 생활을 하는 것이 중요합니다. 이런 방법들을 통해 우리는 피로를 효과적으로 관리하고, 작업의 생산성을 높일 수 있습니다.

첫째, 울트라디안 리듬이란 24시간보다 짧은 시간 동안 반복되는 생체 리듬을 말합니다. 즉, 울트라디안 리듬은 하루에 여러 번

일어나는 생리적 변화를 나타냅니다.

주로 90분에서 120분 사이의 주기를 가집니다. 이는 우리의 신체와 마음이 집중력을 유지할 수 있는 최대 시간을 의미합니다. 이 시간이 지나면 우리는 피로를 느끼고, 휴식이 필요하게 됩니다. 우리의 일상생활에서 많은 부분을 차지하며, 우리의 생체시계와 밀접한 관련이 있습니다. 예를 들어, REM 수면 주기, 식욕, 호르몬 분비, 체온 조절 등이 울트라디안 리듬에 의해 조절됩니다.

울트라디안 리듬을 이해하고 이를 활용하는 것은 우리의 건강과 생산성을 향상시키는 데 도움이 될 수 있습니다. 우리는 울트라디안 리듬에 따라 작업과 휴식을 번갈아 가며 시간을 보내면, 피로를 효과적으로 관리하고 작업 효율성을 높일 수 있습니다.

둘째, 명상과 요가는 우리의 마음과 몸을 편안하게 하고, 스트레스를 줄이는 데 매우 효과적입니다. 이러한 활동은 우리의 집중력을 높이고, 우리의 에너지를 회복하는 데 도움이 됩니다.

셋째, 디지털 디톡스는 디지털 기기 사용을 제한하거나 중단함으로써 우리의 생활에서 디지털 의존성을 줄이는 것을 목표로합니다. 이를 통해 우리는 무분별한 디지털 기기 사용으로 인해 소비되는 시간을 줄이고, 이 시간을 더욱 생산적인 활동에 활용할 수 있습니다.

시간 최적화를 위한 디지털 디톡스 실천 방법에 대해 좀 더 자세히 설명하겠습니다.

· 디지털 기기 사용 시간 관리 : 우리의 일상에서 디지털 기기 사용은 거의 필수적입니다. 하지만 과도한 사용은 우리의 시간을 효율적으로 활용하는 데 방해가 될 수 있습니다. 따라서 디지털 기기 사용 시간을 제한하는 것이 중요합니다. 이를 위해 하루 중 특정시간(예 : 아침 9시부터 저녁 9시까지)만 디지털 기기를 사용하고, 그 외의 시간에는 기기를 사용하지 않는 등의 규칙을 설정할 수 있습니다. 또는 필요한 앱만 사용하고, 불필요한 앱은 삭제하거나 사용을 제한하는 것도 효과적입니다.

· 디지털 해제 시간 설정 : 하루 중 일정 시간을 디지털 해제 시간으로 설정하는 것도 좋습니다. 이 시간 동안은 휴대폰이나 컴퓨터

를 전혀 사용하지 않고, 다른 활동에 전념합니다. 예를 들어, 산책을 하거나 책을 읽는 것입니다. 이렇게 디지털 기기를 멀리하고 실생활에 집중하는 시간을 가지면, 더욱 풍부한 경험을 쌓고, 창의적인 생각을 할 수 있는 기회를 얻을 수 있습니다.

· 주간/주말 : 일주일 중 하루 혹은 주말 전체를 디지털 디톡스 시간으로 설정하는 방법도 있습니다. 이 기간 동안은 디지털 기기를 사용하지 않고, 대신 가족이나 친구들과의 대화, 취미 활동, 운동 등에 시간을 할애하면 좋습니다. 이렇게 디지털 디톡스 시간을 통해 사회적 상호작용을 늘리고, 심신의 휴식을 취하는 것은 우리의 삶의 질을 향상시키는 데 큰 도움이 됩니다.

이처럼 디지털 디톡스는 우리가 디지털 기기에 지나치게 의존하지 않도록 도와주고, 우리의 시간을 더욱 효과적으로 활용하도록 도와줍니다. 이를 통해 우리는 더욱 집중력 있고, 생산적인 삶을 살 수 있습니다. 디지털 디톡스를 통한 시간 최적화 방법을 참고하여, 자신만의 디지털 디톡스 방법을 찾아보세요.

디지털 디톡스를 잘 실천한 사례 중 하나로는 '트리스탄 해리스'가 있습니다. 그는 구글의 '제품 윤리' 팀의 전직 고문으로, 디지털 디톡스와 기술의 윤리적 사용에 대해 전 세계적으로 알려져 있습니다.

해리스는 디지털 기기와 소셜 미디어가 사람들의 주의력을 분산시키고, 우리의 시간과 에너지를 빼앗는다는 문제점을 지적하며, 디지털 디톡스의 중요성을 강조했습니다. 그는 자신의 생활에서 스마트폰 사용을 최소화하고, 이메일 체크 횟수를 줄이는 등 디지털 디톡스를 실천했습니다. 또한 그는 '시간 잘 사용하기'라는 운동을 시작하여, 기술이 사람들의 삶을 개선하고, 시간을 더욱 가치있게 사용할 수 있도록 하는 것을 목표로 하였습니다.

08

일정관리, 그것은 신뢰에서 시작된다

신뢰는 자신이 설정한 일정을 준수하고, 약속을 지키는 데 필요한 핵심 요소입니다. 이는 자기 자신에 대한 신뢰, 즉 자신이 계획한 일정을 성공적으로 수행할 수 있을 것이라는 믿음을 포함합니다. 또한 다른 사람들에 대한 신뢰도 중요합니다. 그들이 자신의 일정에 맞춰 행동할 것이라는 믿음이 필요합니다. 이렇게 신뢰를 기반으로 한 일정 관리는 효율적인 시간 활용, 목표 달성, 그리고 개인 및 팀의 생산성 향상에 중요한 역할을 합니다.

생활 패턴을 일정한 시간에 맞춰서 루틴화하는 것이 좋습니다. 아침에 일어나서 가장 먼저 하는 일이 무엇인지 생각해보세요. 아마도 이 일을 하지 않으면 하루가 제대로 시작되지 않는다고 느낄 것입니다. 이런 활동들을 일정한 시간에 수행하면, 하루의 흐름을 예측하고 효율적으로 시간을 관리할 수 있습니다.

가족 구성원들과 일정을 공유하는 것도 중요합니다. 이렇게 하면 서로의 시간을 존중하고 효율적으로 활용할 수 있어요. 예를 들어, 가족 모임을 계획할 때 모두가 참여할 수 있는 시간을 찾아 계획하는 것이 좋습니다.

또한, 큰일을 한 번에 처리하려고 하지 말고 작은 단위로 분할하여 일정을 관리하는 것이 좋습니다. 집안일을 예로 들면, 한 번에 모든 일을 처리하려고 하지 말고, 작은 단위로 나누어서 처리하면 일정을 관리하기 쉽습니다. 이렇게 하면 작업의 진행 상황을 쉽게 파악할 수 있습니다.

디지털 도구를 활용하는 것도 도움이 됩니다. 스마트폰의 캘린더 앱이나 일정 관리 앱 등을 활용하면 시간을 더 효율적으로 관리할 수 있습니다. 중요한 약속이나 데드라인을 캘린더에 입력하고 알림을 설정하면, 그 일정을 잊어버리는 일이 없을 것입니다.

09
나만의 디지털 일정 관리 시스템 만들기

　디지털 일정 관리 시스템을 만드는 것은 일상생활에서 시간을 효율적으로 관리하는 방법 중 하나입니다. 이를 위해 필요한 것은 디지털 도구와 본인만의 시스템을 만드는 능력입니다.

　먼저 가장 중요한 것은 적절한 디지털 도구를 선택하는 것입니다. 현재는 다양한 일정 관리 앱이 존재합니다. 그 중에서도 구글 캘린더, 아웃룩, Asana(프로젝트 관리 도구), ToDo 리스트 등은 사용자 친화적인 인터페이스와 강력한 기능으로 많은 사람들이 선호하는 앱입니다.

　이러한 앱들을 사용하면 일정을 쉽게 입력하고 관리할 수 있습니다. 또한, 알림 기능을 사용하면 설정된 시간에 알려주어 일정을 잊지 않게 도와줍니다. 이외에도 일정 공유, 작업 목록 생성 등의 기능이 있어 개인뿐만 아니라 팀으로도 사용하기 좋습니다.

다음으로, 이러한 도구를 활용하여 본인만의 시스템을 만드는 것이 중요합니다. 일정을 세분화하고 우선순위를 정하면 어떤 일을 먼저 해야 하는지 명확히 알 수 있습니다. 예를 들어, "이번 주에 할 일"이라는 큰 카테고리를 만든 다음, 그 안에 "월요일 보고서 작성", "화요일 회의 참석" 등의 세부 일정을 생성하는 것입니다. 이렇게 하면 한눈에 볼 수 있을 뿐만 아니라 우선순위에 따라 작업을 진행할 수 있습니다.

일정을 공유하는 기능을 활용하면 협업을 훨씬 효율적으로 할 수 있습니다. 특히 팀 프로젝트에서는 이 기능이 필수적입니다. 일정을 공유하면 팀원 모두가 같은 페이지에 있을 수 있으며, 일정 충돌을 방지하고 업무를 효율적으로 분배할 수 있습니다.

마지막으로, 정기적으로 일정을 검토하고 조절하는 습관을 가지는 것이 중요합니다. 매일 아침이나 저녁에 일정을 확인하고, 필요하다면 조정하는 시간을 가지는 것이 좋습니다. 이를 통해 자신의 일정을 항상 최신 상태로 유지할 수 있으며, 놓치는 일정 없이 시간을 효과적으로 관리할 수 있습니다.

이러한 방법들을 통해 나만의 디지털 일정 관리 시스템을 만들 수 있습니다. 처음에는 조금 복잡하고 어려울 수 있지만, 시간이 지나면서 이 시스템이 얼마나 효과적인지 체감하게 될 것입니다. 이 과정에서 중요한 것은 자신에게 가장 편리하고 효과적인 방법을 찾는 것입니다. 각자의 생활 패턴과 선호도는 다르기 때문에, 가장 잘 맞는 도구와 시스템을 찾는 것이 중요합니다.

구글 캘린더

구글 캘린더는 다양한 기능을 가진 뛰어난 일정 관리 도구입니다. 다음은 구글 캘린더의 주요 기능들과 그 활용법에 대한 설명입니다.

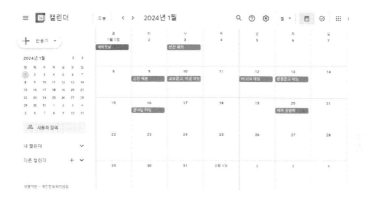

첫째, 일정 추가 및 편집 : 구글 캘린더에서는 일정을 쉽게 추가하고 편집할 수 있습니다. 캘린더 화면에서 원하는 날짜를 클릭하면 일정을 추가할 수 있으며, 일정 제목, 시간, 위치, 설명 등 다양한 정보를 입력할 수 있습니다. 또한, 일정을 클릭하면 편집

화면으로 이동하여 일정 정보를 변경하거나 삭제할 수 있습니다.

둘째, 알림 설정 : 중요한 일정을 잊지 않도록 알림을 설정할 수 있습니다. 일정을 추가하거나 편집할 때"알림 추가'를 선택하면, 일정 시작 시간 전에 알림을 받을 수 있습니다. 알림 시간은 사용자가 직접 설정할 수 있습니다.

셋째, 반복 일정 설정 : 매주 또는 매월 반복되는 일정을 설정할 수 있습니다. '반복' 옵션을 선택하고 반복 주기를 설정하면, 동일한 일정이 자동으로 생성됩니다. 이는 회의나 수업 등 정기적으로 발생하는 일정을 관리할 때 유용합니다.

넷째, 일정 공유 : 구글 캘린더는 일정을 다른 사람과 공유하는 기능을 제공합니다. 일정을 추가하거나 편집할 때 '게스트 추가'를 선택하고, 공유하고 싶은 사람의 이메일 주소를 입력하면 그 사람과 일정을 공유할 수 있습니다. 또한, 전체 캘린더를 특정 사람과 공유하거나, 공개 캘린더로 설정하는 것도 가능합니다.

다섯째, 다중 캘린더 관리 : 여러 개의 캘린더를 동시에 관리할 수 있습니다. '내 캘린더' 옵션에서 새로운 캘린더를 생성하면, 개인 일정과 업무 일정을 별도의 캘린더로 관리하는 등 다양한 활용이 가능합니다.

이외에도 구글 캘린더는 일정 검색, 날씨 정보 표시, 캘린더 뷰 변경(일/주/월/일정 뷰) 등 다양한 기능을 제공하므로, 이를 적절히 활용하면 효과적인 일정 관리가 가능합니다.

아웃룩

아웃룩은 마이크로소프트에서 제공하는 일정 및 이메일 관리 도구로, 사용자들이 일정을 관리하고 이메일을 주고받는 데 도움을 줍니다. 다음은 아웃룩의 주요 기능과 활용법에 대한 설명입니다.

첫째, 일정 관리 : 아웃룩에서는 캘린더 기능을 통해 일정을 관리할 수 있습니다. 캘린더 탭에서 원하는 날짜를 선택하고 일정을 추가할 수 있으며, 일정의 제목, 날짜, 시간, 장소 등을 설정할 수 있습니다. 일정을 추가한 후에는 일정을 드래그하여 시간을 변경하거나, 일정을 클릭하여 상세 내용을 수정할 수 있습니다.

둘째, 알림 설정 : 아웃룩은 일정의 알림을 설정할 수 있어 중요한 일정을 놓치지 않도록 도와줍니다. 일정을 추가하거나 편집할 때 알림 설정을 선택하고, 원하는 알림 시간을 설정할 수 있습니다. 설정한 시간에 알림이 울리면 일정을 기억하고 준비할 수 있습니다.

셋째, 일정 공유 : 아웃룩을 사용하여 일정을 다른 사람과 공유할 수 있습니다. 일정을 추가하거나 편집할 때 "참석자 추가"를 선택하여 공유하고자 하는 사람의 이메일 주소를 입력하면 해당 사람과 일정을 공유할 수 있습니다. 이를 통해 팀원과 회의 시간을 조율하거나, 가족과의 일정을 공유할 수 있습니다.

넷째, 할 일 목록 : 아웃룩은 할 일 목록을 관리하는 기능도 제공합니다. 할 일 목록 탭에서 할 일을 추가하고, 마감 기한을 설정하거나 우선순위를 부여할 수 있습니다. 할 일을 추가한 후에는 체크박스를 통해 완료된 항목을 표시할 수 있습니다.

다섯째, 이메일 관리 : 아웃룩은 이메일을 효율적으로 관리할 수 있는 기능을 제공합니다. 이메일을 받은 후에는 읽지 않은 메일을 표시하고, 중요한 메일에는 표시를 추가하여 관리할 수 있습니다. 또한, 필요한 경우에는 이메일을 분류하여 폴더에 정리하거나, 예약된 이메일을 설정하여 특정 시간에 자동으로 전송되도록 할 수 있습니다.

위와 같은 기능을 통해 아웃룩을 활용하여 일정을 효율적으로 관리하고, 이메일을 효과적으로 주고받을 수 있습니다. 아웃룩은 다양한 기능을 제공하므로, 사용자의 개인적인 선호와 필요에 맞게 설정하여 활용할 수 있습니다.

Asana

Asana는 프로젝트 관리와 작업 추적을 위한 웹 및 모바일 애플리케이션입니다. 팀원들이 프로젝트와 작업을 계획하고, 조직하고, 추적하는 데 도움을 주는 도구로 알려져 있습니다.

첫째, 작업 관리 : 작업을 생성하고, 우선 순위를 지정하며, 마감 일자를 설정하고, 다른 팀원에게 할당할 수 있습니다.

둘째, 프로젝트 시각화 : 리스트 뷰, 칸반 보드 뷰, 달력 뷰, Gantt 차트 뷰(타임라인) 등 다양한 방법으로 프로젝트를 시각화할 수 있습니다. 이를 통해 팀원들이 프로젝트의 전체적인 진행 상황을 한눈에 파악할 수 있습니다.

셋째, 협업 도구 : 각 작업에는 댓글, 파일 첨부, 하위 작업 등의 기능이 있어 팀원들이 협업하고 소통하는 데 유용합니다.

넷째, 통합성 : slack, Google 드라이브, Dropbox, Microsoft Teams 등 다른 많은 도구와 통합할 수 있습니다. 이를 통해 작업 흐름을 더욱 원활하게 만들 수 있습니다.

다섯째, 자동화 : 반복적인 작업을 위한 규칙 설정을 통해 작업의 자동화를 지원합니다.

이런 기능들로 인해 Asana는 개인적인 일정 관리부터 큰 규모의 팀 프로젝트 관리까지 다양한 용도로 활용이 가능합니다.

10

시간관리를 통해 얻는 삶의 질 향상

시간관리는 우리의 삶에서 매우 중요한 역할을 합니다. 우리가 시간을 효과적으로 관리하면, 더 많은 일을 해낼 수 있고, 목표를 달성하는 데 도움을 받을 수 있습니다. 이는 일상적인 생활에서부터 직장, 학업, 가정생활까지 모든 영역에 적용됩니다.

우선, 시간관리를 통해 생산성을 높일 수 있습니다. 시간을 효율적으로 분배하고 우선순위를 정하는 것은 작업 효율성을 향상시킵니다. 예를 들어, 일의 우선순위를 정하고, 중요한 일에 집중하며 작은 일들을 미루는 것은 작업을 더욱 효과적으로 처리할 수 있게 해줍니다.

뿐만 아니라, 시간관리는 스트레스를 줄여주는 데에도 큰 도움을 줍니다. 할 일들을 계획하고 시간을 효율적으로 배분하면, 급한 일들에 쫓기지 않고 차분하게 처리할 수 있습니다. 이는 우리의 마음을 안정시켜주고 스트레스를 감소시킵니다. 게다가, 시간을 효과적으로 활용하면 여유 시간을 얻을 수 있고, 휴식과 회복에 더 많은 시간을 할애할 수 있게 해줍니다.

시간관리는 목표 달성에도 큰 도움을 줍니다. 목표를 설정하고 그에 맞는 계획을 세우며 시간을 관리한다면, 목표를 달성하기 위한 체계적인 노력을 할 수 있습니다. 목표를 세우고 그에 따른 일정을 관리하면, 단계적으로 목표에 다가갈 수 있고, 성취감을 느끼며 자신감을 키울 수 있습니다.

또한, 시간관리는 삶의 균형을 맞추는 데에도 도움을 줍니다. 시간을 효과적으로 관리하면, 일과 가정, 여가시간 등 모든 영역을 균형있게 다룰 수 있습니다. 이는 우리의 삶에 안정감을 가져다주고, 다양한 측면에서 행복과 만족을 느낄 수 있게 해줍니다.

시간관리 습관 리스트

시간관리 습관 리스트를 만드는 것은 우리의 시간활용에 여러 가지 이유로 좋습니다.

우리는 일과 생활을 효과적으로 관리하고, 시간을 최대한 잘 활용할 수 있습니다. 이를 통해 우리는 일상에서 더 많은 일을 할 수 있고, 생산성을 향상시킬 수 있습니다. 우리의 목표를 명확하게 설정하고, 그 목표를 달성하기 위한 계획을 세울 수 있습니다. 이는 우리의 목표를 더 효과적으로 추구하고, 우리의 목표를 달성하는 데 도움을 줄 수 있습니다. 일과 생활을 더 잘 조절할 수 있습니다. 더 적은 스트레스를 느끼고, 더 행복하고 만족스러운 삶을 살 수 있도록 도와줍니다.

자기 개발에 크게 이바지합니다. 이를 통해 우리의 작업 효율성을 향상시킬 수 있고, 능력과 잠재력을 최대한 활용할 수 있습니다.

시간을 효과적으로 관리하기 위한 30가지 습관을 설명해드리겠습니다.

1. 하루, 주, 월 단위로 일정을 계획하고 우선순위를 설정합니다.

2. 명확한 목표를 설정하고 그에 따라 계획을 세웁니다.

3. 매일 해야 할 일을 기록하고 우선순위에 따라 정리합니다.

4. 중요한 일에 집중하고 긴급한 일에 우선순위를 부여합니다.

5. 중요한 일정에 대해 알림을 설정하여 잊지 않도록 합니다.

6. 일정에 소요된 시간을 추적하여 작업 효율성을 파악합니다.

7. 큰 과제를 작은 단위로 나누어 처리하여 집중력을 유지합니다.

8. 일과 휴식 시간을 적절히 배분하여 피로를 줄이고 생산성을 높입니다.

9. 개인과 업무 일정을 구분하여 관리합니다.

10. 팀원과 중요한 일정을 공유하고 협업을 원활히 진행합니다.

11. 일정과 목표를 정기적으로 검토하고 조정합니다.

12. 작업 중에는 주변에서 끌리는 다른 일들을 최대한 줄입니다.

13. 특정 시간 동안 특정 작업에만 집중하여 작업 효율성을 높입니다.

14. 모든 일에 마감 기한을 설정하여 중요한 일을 미루지 않습니다.

15. 할 일을 가능한 빨리 처리하고 미루지 않습니다.

16. 부담스러운 요청이나 불필요한 일에 대해 거절할 수 있는 용기를 갖습니다.

17. 업무와 개인 생활 사이의 균형을 유지하며 효과적으로 시간을 활용합니다.

18. 시간 관리를 위해 효율적인 도구와 앱을 활용합니다.

19. 중요한 일정과 기한을 달력에 기록하여 한 눈에 확인할 수 있습니다.

20. 시간관리 및 생산성을 향상시키기 위한 자가 관리 기술을 학습하고 익힙니다.

21. 작업에 몰입하여 집중력을 높이고 생산성을 향상시킵니다.

22. 중요한 일부터 처리하여 가장 핵심적인 업무에 집중합니다.

23. 필요한 정보만을 습득하고, 불필요한 정보에 시간을 낭비하지 않습니다.

24. 인터넷 사용을 작업에 집중할 수 있도록 제한하거나 제어합니다.

25. 회의 시간을 최소화하고 효율적으로 진행하기 위해 준비를 철저히 합니다.

26. 중요한 일에는 우선순위를 정하고, 그 외의 일로 인해 쉽게 방해받지 않도록 합니다.

27. 간단한 일은 빠르게 처리하여 리스트에서 제외시킵니다.

28. 시간을 구간별로 나누어 작업을 진행하고, 제한된 시간 내에 작업을 완료합니다.

29. 자신의 작업 습관을 관찰하고 개선할 부분을 찾습니다.

30. 시간관리 습관을 지속적으로 개선하고 발전시켜 나가는 노력을 합니다.

PART 4

당신의 생각을 정리해 드립니다

시간관리와 생각정리

사실, 이 두 가지는 많은 면에서 서로 상호작용하며, 한 가지를 잘하기 위해서는 다른 한 가지도 잘해야 하는 경우가 많습니다.

첫째, 시간관리를 잘하려면 우리가 무엇을 해야 하는지, 얼마나 시간이 걸리는지, 어떤 순서로 해야 하는지 등을 명확히 알아야 합니다. 이는 결국 우리의 생각을 정리하고, 우리의 일과 목표를 명확히 이해하는 것을 요구합니다.

둘째, 생각을 정리하려면 우리의 생각과 아이디어를 조직화하고, 우선순위를 정해야 합니다. 이는 시간 관리와 매우 유사한 과정이며, 이를 통해 우리는 어떤 일을 먼저 해야 하고, 어떤 일을 나중에 해야 하는지를 결정할 수 있습니다.

셋째, 시간관리와 생각정리는 둘 다 우리의 일을 효과적으로 처리하고, 목표를 달성하는 데 도움을 줍니다. 시간을 잘 관리하면 일을 더 빨리 처리할 수 있고, 생각을 잘 정리하면 더 명확하고 효과적인 결정을 내릴 수 있습니다.

시간관리와 생각정리는 서로 깊게 연관되어 있으며, 둘 중 하나를 잘하려면 다른 하나도 잘해야 합니다. 이 두 가지 기술을 함께 개발하면, 우리는 더 효율적이고 생산적인 일상생활을 보낼 수 있습니다.

02
생각정리, 왜 해야 하지

우리 두뇌는 하루 종일 수많은 생각과 정보를 처리하게 됩니다. 일상 생활에서 마주하는 사소한 일들부터, 업무에 대한 중요한 결정 사항까지, 두뇌는 계속해서 활동하며 정보를 처리합니다. 이런 정보들이 쌓이다 보면, 우리의 생각은 점점 복잡해지고, 혼란스러워질 수 있습니다.

이렇게 되면, 우리는 결정을 내리는 것이 어려워질 수 있습니다. 어떤 일을 먼저 해야 할지, 어떤 선택이 최선인지 판단하기 힘들어지기 때문입니다. 이런 혼란스러움은 스트레스를 늘리고, 우리의 행동을 불안정하게 만들 수 있습니다.

이렇게 복잡하고 혼란스러운 생각을 간결하고 명확하게 정리하는 것, 이것이 바로 '생각정리'의 중요성입니다. 생각을 정리하면, 우리는 머릿속의 혼란을 줄이고, 목표와 방향성을 더욱 명확히 볼 수 있게 됩니다.

생각을 정리하는 과정은 마치 책상 위의 물건들을 정리하는 것과 비슷합니다. 책상 위에 무작위로 물건들이 놓여 있다면, 우리가 필요한 물건을 찾는 것은 어려울 것입니다. 그러나 물건들을 정리하면, 우리는 필요한 물건을 쉽게 찾을 수 있고, 책상 위의 공간도 효율적으로 활용할 수 있습니다. 마찬가지로, 생각을 정리하면, 우리는 머릿속의 '공간'을 효율적으로 활용할 수 있습니다.

일과 삶에 대한 통찰력을 높일 수 있습니다. 생각을 정리하면서 자신의 가치관이나 우선순위를 재확인하게 되고 더 나은 결정을 내리고, 효과적으로 시간을 활용하는 데 도움을 줍니다.

스트레스를 줄이는 데도 도움이 됩니다. 생각이 복잡하고 혼란스러울 때, 불안감을 느낄 수 있습니다. 그러나 생각을 정리하면, 이런 불안감을 해소하고, 마음을 더욱 평온하게 만들 수 있습니다.

03
생각정리를 통해 바뀐 내 일상

생각정리의 중요성에 대해 이야기하면서 제 자신의 경험을 공유하겠습니다. 제가 생각정리를 본격적으로 시작하기 전, 제 일상에서 가장 많이 느껴지는 것이 혼란이었습니다. 제 머릿속에는 항상 각종 생각과 할 일이 섞여 있었고, 그로 인해 어떤 일부터 시작해야 할지, 어떤 일이 우선순위인지 판단하기가 어려웠습니다.

그 결과, 효과적으로 일을 처리하는 데 어려움을 겪었습니다. 중요한 일을 놓치거나, 필요 이상으로 시간을 소비하는 경우가 많았고 이런 혼란은 스트레스를 증폭시키고, 제 생활의 질을 저하시켰습니다.

그러나 생각정리를 시작하고 나서부터 일상이 크게 바뀌기 시작했습니다.

첫 번째로, 일단 제 머릿속이 명확해졌습니다. 생각이 분명해지니, 할 일들을 체계적으로 정리하고 우선순위를 설정하는 것이 가능해졌습니다. 어떤 일을 먼저 해야 할지, 어떤 일이 뒤로 미뤄져도 괜찮을지 판단이 쉬워졌습니다. 이는 제가 일을 계획하고 시간을 관리하는 데 큰 도움이 되었습니다.

두 번째로, 생각을 정리하면서 스트레스 수준이 크게 감소했습니다. 이전에는 두통과 같은 신체적인 증상을 동반하는 스트레스를 때때로 느꼈습니다. 그러나 이제는 머릿속의 생각들을 명확하게 정리하고 관리함으로써, 스트레스를 효과적으로 해소할 수 있게 되었습니다.

세 번째로, 제가 제 자신을 더 잘 이해하게 되었습니다. 생각을 정리하면서 제가 어떤 가치를 중요하게 생각하는지, 어떤 목표를 가지고 있는지 등을 명확하게 알게 되었습니다. 이로 인해 제 자신을 더 잘 관리하고, 제 삶을 더욱 풍요롭게 만드는 데 도움이 되었습니다.

이처럼, 생각을 정리하면서 제 일상은 크게 변화했습니다. 이제는 제가 일과 스트레스를 더 효율적으로 관리할 수 있게 되었습니다. 또한, 제 자신을 더 잘 이해하고, 제 삶을 더욱 풍요롭게 만드는 데 도움이 되었습니다.

이렇듯 생각을 정리하는 것은 우리의 일상에 굉장히 큰 영향을 미칩니다. 그렇기 때문에, 생각정리는 시간관리뿐 아니라, 스트레스 관리, 자기이해 등 여러 면에서 중요한 역할을 합니다.

04
생각정리로 일하는 방식이 달라졌어요

생각정리를 시작하기 이전에는 저의 일상과 업무 방식은 상당히 혼란스러웠습니다. 많은 일들이 쌓여있고, 그 일들의 우선순위를 결정하는 것이 어려웠습니다. 무엇을 먼저 해야 하고, 무엇을 나중에 해야 하는지를 판단하는 것이 어려웠습니다.

한 주간의 강의 일정을 계획하고 준비하는 데에 많은 시간과 에너지를 소비했습니다. 강의 내용을 준비하고, 강의 자료를 만들고, 강의 일정을 조정하는 등의 작업이 복잡하게 얽혀 있었고, 이를 정리하는 것이 쉽지 않았습니다.

그러나 생각을 체계적으로 정리하기 시작하면서 이런 상황이 크게 개선되었습니다. 먼저, 제가 무엇을 해야 할지, 그리고 그 일들을 어떤 순서로 진행해야 할지를 명확히 인식할 수 있게 되었습니다. 이를 통해 일의 우선순위를 결정하고, 일을 체계적으로 계획하고 실행하는 데 도움이 되었습니다.

강의 준비를 위해 필요한 작업들을 목록으로 만들고, 그 중에서 가장 중요하고 긴급한 일부터 처리하기 시작했습니다. 이를 통해 강의 준비 과정이 훨씬 더 효율적이고 원활해졌습니다.

생각을 체계적으로 정리하면서 일에 대한 집중력이 높아졌습니다. 이전에는 여러 가지 일에 동시에 신경을 쓰느라 집중력이 흩어졌는데 이제는 일을 하나씩 처리하면서, 그 일에 집중하고, 그 일을 완벽하게 마무리하는 데 집중할 수 있게 되었습니다.

일을 끝낸 후의 만족감이 늘었습니다. 그 일을 체계적으로 계획하고 실행했다는 사실에 대한 만족감을 느낄 수 있었고 이는 저에게 큰 동기부여가 되었고, 저의 업무 효율성을 더욱 향상시켰습니다.

생각을 정리하는 것은 우리의 일하는 방식을 크게 개선시킬 수 있습니다. 이를 통해 우리는 일의 우선순위를 더욱 명확하게 설정하고, 일에 더욱 집중하며, 일을 완료한 후의 만족감을 높일 수 있었고 이러한 능력은 우리의 일상과 업무를 더욱 효율적이고 만족스럽게 만들어 주었습니다.

빌 게이츠, 마이크로소프트의 공동 창업자이자, 세계에서 가장 영향력 있는 사람 중 한 명인 그는 생각정리의 중요성을 강조합니다.

그는 매년 '생각 주간'이라는 시간을 가지는데, 이 기간 동안에는 일상에서 벗어나서 많은 책을 읽고, 생각을 정리하며, 새로운 아이디어를 생각해냅니다.

'생각 주간'은 그에게 큰 변화를 가져다 주었습니다. 그는 이 시간을 통해 인생의 중요한 결정을 내리거나, 마이크로소프트의 비전을 재정립하는 등의 중요한 생각을 정리합니다. 이런 과정을 통해 그는 자신의 일하는 방식을 개선하고, 자신의 목표를 더욱 명확하게 설정할 수 있었습니다.

또한, 그는 이런 생각정리를 통해 자신의 스트레스를 관리하고, 자신의 생각을 더욱 효과적으로 조직할 수 있었습니다. 이것은 그가 복잡한 문제를 해결하고, 더욱 효과적인 결정을 내리는 데 도움이 되었습니다.

생각을 체계적으로 정리하는 것은 우리의 일하는 방식을 크게 개선시킬 수 있습니다. 이를 통해 우리는 일의 우선순위를 더욱 명확하게 설정하고, 일에 더욱 집중하며, 일을 완료한 후의 만족감을 높일 수 있습니다. 이러한 능력은 우리의 일상과 업무를 더욱 효율적이고 만족스럽게 만들어 줍니다. 빌 게이츠와 같은 성공한 사람들의 사례를 통해, 생각 정리의 중요성을 더욱 이해할 수 있습니다.

05
생각정리는 어떻게 하나요? 단계별로 알려주세요

생각정리는 우리의 일상에서 큰 도움을 주는 행동입니다. 이를 통해 우리는 눈앞의 문제를 더욱 명확히 이해하고, 효과적인 해결책을 찾아낼 수 있습니다. 다음은 생각정리를 하는 단계별 방법입니다.

첫째, 우리는 우리의 생각을 모두 기록해야 합니다. 이 때, 특정한 형식에 구애받지 않고, 머릿속에 떠오르는 그대로의 생각을 종이나 디지털 장치에 적어내는 것이 중요합니다. 이 과정에서는 평가나 판단 없이 그저 생각을 그대로 기록하는 것이 중요합니다. 이렇게 하면, 우리의 머릿속이 비워지고, 생각이 더욱 명확해지며, 직면한 문제나 상황에 대한 이해가 깊어집니다.

둘째, 기록한 생각들을 특정한 범주에 따라 분류해야 합니다. 이는 생각을 더욱 명확하게 이해하고, 목표를 효과적으로 달성하는 데 도움이 됩니다. 생각을 분류하는 방법은 다양하며, 개인의 상황이나 목표에 따라 달라질 수 있습니다. 예를 들어, 일과 관련된 생각, 가족과 관련된 생각, 여가 활동과 관련된 생각 등으로 분류할 수 있습니다.

셋째, 분류된 생각들을 우선순위에 따라 정리해야 합니다. 이는 우리의 시간과 에너지를 어디에 집중할 것인지 결정하는 데 도움이 됩니다. 예를 들어, '긴급하고 중요한 일', '중요하지만 긴급하지 않은 일', '긴급하지만 중요하지 않은 일', '중요하지도 긴급하지도 않은 일' 등의 순서로 생각을 정리할 수 있습니다.

넷째, 생각을 정리하고 우선순위를 정한 뒤에는 실제로 계획을 세우는 것이 중요합니다. 이는 우리의 목표를 실제로 달성하는 데 도움이 됩니다. 계획을 세울 때는 구체적이고 실현 가능한 계획을 세우는 것이 중요합니다. 예를 들어, '내일 오전 9시부터 11시까지 이 보고서를 작성하겠다'와 같이 구체적인 시간과 행동을 명시하는 것이 좋습니다.

생각정리는 우리의 일상에서 매우 중요한 역할을 합니다. 이를 통해 우리는 우리의 생각을 더욱 명확하게 이해하고, 우리의 목표를 효과적으로 달성할 수 있습니다. 이를 위해, 생각을 기록하고, 분류하고, 우선순위를 정리하고, 계획을 세우는 등의 단계를 거치게 됩니다. 이 과정들을 통해, 우리의 생각을 더욱 효과적으로 정리하고, 우리의 일상을 더욱 효율적이고 만족스럽게 만들 수 있습니다.

06
문제가 있을 때, 생각정리로 해결하는 방법

　문제에 직면했을 때 가장 중요한 것은 그 문제를 명확하게 인식하는 것입니다. '나는 요즘 너무 바쁘다'라는 문제가 있다면, 이 문제의 본질이 무엇인지 파악하는 것이 중요합니다. '바쁘다'는 문제의 본질은 시간 관리에 어려움을 겪고 있다는 것일 수 있습니다. 이런 식으로 문제를 명확히 인식하면, 문제 해결의 첫걸음을 내딛는데 큰 도움이 됩니다.

　그 다음 단계는 문제와 관련된 모든 생각을 기록하는 것입니다. 이 과정에서는 무엇이 문제를 일으키는지, 어떤 변화가 필요한지, 어떤 해결책이 가능할지 등을 생각해봅니다. 이 때, 문제의 원인과 결과, 그리고 가능한 해결책에 대해 모두 기록해봅니다.

　그 후에는 기록한 생각들을 분류하고, 이를 우선순위에 따라 정리해봅니다. 이 과정은 문제를 어떤 순서로 해결해 나갈 것인지를 결정하는데 도움이 됩니다. 가장 중요하고 시급한 문제부터 해결해 나가는 것이 일반적입니다.

그리고 문제를 해결하기 위한 구체적인 해결책을 생각하고 실행 계획을 세우는 것입니다. 이 때는 구체적이고 실현 가능한 계획을 세우는 것이 중요합니다. 예를 들어, '나는 내일부터 아침 7시에 일어나서 하루 일과를 시작하겠다'와 같이 구체적인 시간과 행동을 명시하는 것이 좋습니다.

이렇게 생각을 체계적으로 정리하면 문제 해결에 큰 도움이 됩니다. 우리는 문제를 명확하게 이해하고, 문제와 관련된 생각을 체계적으로 정리하고, 우리의 생각을 우선순위에 따라 정리하고, 문제를 해결하기 위한 구체적인 해결책을 생각하고, 이를 실행하기 위한 계획을 세울 수 있습니다. 이런 과정을 통해, 문제를 더욱 효과적으로 해결하고, 우리의 일상과 업무를 더욱 효율적이고 만족스럽게 만들 수 있습니다.

07
생각정리 습관 만들기, 어떻게 하면 좋을까

생각을 정리하는 습관은 우리가 더욱 명확하고 효율적으로 일상을 관리하는 데 큰 도움이 됩니다. 그 이유는 생각을 정리하는 과정에서 우리는 우리의 목표를 명확히 인식하고, 어떤 일에 우선순위를 두어야 하는지 판단하게 됩니다.

생각을 정리하는 습관을 기르는 가장 간단한 방법 중 하나는 일기를 쓰는 것입니다. 매일 밤, 그날 그날의 생각과 느낌, 배운 점, 이룬 것들을 기록하는 것이죠. 이렇게 하면 우리는 자신의 생각과 감정을 명확히 이해하게 되며, 이는 결국 우리가 더욱 효과적으로 일상을 관리하고, 문제를 해결하는 데 도움이 됩니다.

또 다른 방법은 브레인스토밍입니다. 특정한 문제나 주제에 대해 가능한 한 많은 아이디어를 빠르게 생각해내는 것이죠. 이 과정을 통해 우리는 창의적인 생각을 자극하고, 문제를 해결하는 데 필요한 다양한 접근 방법을 찾아낼 수 있습니다.

생각을 정리하는 데에는 여러 가지 도구가 있습니다. 로직 트리, 만다라트, 간트 차트, SWOT 분석, 피셔 다이어그램, 아이젠하워 매트릭스 등이 그 예입니다. 이런 도구들은 각자의 상황과 목표에 따라 선택하여 사용하면, 생각을 체계적으로 정리하고, 목표를 달성하는 데 큰 도움을 줄 수 있습니다.

이렇게 생각을 정리하는 습관을 기르는 것은 단순히 생각을 정리하는 것 이상의 의미가 있습니다. 이는 자신의 삶을 주도적으로 살아가는 데 필요한 기본적인 능력, 즉 자기관리 능력을 키우는 데 도움이 되기 때문입니다.

08
상위 1% 생각정리 습관

상위 1%의 사람들, 즉 성공한 사람들은 그들이 어떻게 자신의 시간을 관리하고, 목표를 달성하는지에 대한 통찰력을 제공합니다. 그들 중 많은 이들이 가지고 있는

첫 번째 습관은 '목표 지향적 사고'입니다. 이들은 단순히 일을 처리하는 것이 아니라, 목표를 설정하고 그 목표를 달성하기 위한 계획을 세우는 것에 집중합니다. 그들이 새로운 프로젝트를 시작할 때, 먼저 그 프로젝트의 최종 목표를 설정하고, 그 목표를 달성하기 위해 어떤 단계를 거쳐야 하는지를 생각합니다. 이렇게 하면 항상 큰 그림을 볼 수 있으며, 중요한 일에 집중하고, 시간을 효과적으로 관리할 수 있습니다.

두 번째로, 그들은 자신의 행동과 생각을 주기적으로 회고합니다. 일주일이나 한 달이 지난 후에, 그들은 자신이 한 일과 그 결과를 돌아보고, 어떤 것이 잘 되었는지, 어떤 것이 개선되어야 하는지를 평가합니다. 이런 회고를 통해 그들은 자신의 강점과 약점을 이해하고, 앞으로 어떤 방향으로 나아가야 할지를 결정합니다.

세 번째로, 상위 1%의 사람들은 끊임없이 학습합니다. 새로운 지식과 기술을 배우는 것을 즐기며, 그것이 그들의 성장과 발전에 큰 도움이 된다는 것을 압니다. 책을 읽거나, 워크샵에 참가하거나, 온라인 수업을 수강하는 등 다양한 방법으로 학습을 이어갑니다.

네 번째로, 그들은 생각을 기록하는 습관을 가지고 있습니다. 아이디어가 떠오르면 바로 그것을 기록하며, 이를 통해 생각을 명확하게 정리하고, 나중에 아이디어를 참조하거나 활용할 수 있습니다.

이렇게 상위 1%의 사람들이 가지고 있는 생각 정리 습관을 살펴보면, 그들의 성공은 우연이 아니라 꾸준히 관리하고 개선해온 습관의 결과라는 것을 알 수 있습니다. 그러므로 우리 모두가 이러한 습관을 배우고 실천함으로써, 우리의 생각을 체계적으로 정리하고, 목표를 달성하는 데 도움이 될 것입니다.

09
생각정리 방법으로 성공한 사람들

워렌 버핏

세계 최고의 투자자로 널리 알려져 있습니다. 그의 성공 비결 가운데 하나는 바로 '독서'입니다. 버핏은 자신의 일과의 대부분을 독서에 투자한다고 알려져 있습니다. 그는 어떤 때에는 하루에 600페이지 이상을 읽기도 합니다. 그의 이런 습관은 그가 투자에 대한 깊은 이해와 지식을 쌓는 데 큰 도움을 주었습니다.

버핏의 독서 습관은 그의 생각을 정리하고, 새로운 아이디어를 얻는 데에 중요한 역할을 합니다. 그는 독서를 통해 세계의 다양한 사업에 대한 이해를 넓히고, 투자에 필요한 중요한 정보를 얻습니다. 그리고 이런 정보를 바탕으로 그는 투자 결정을 내립니다.

자신이 읽은 책에서 얻은 지식을 기반으로 복잡한 문제를 분석하고 해결하는 데도 독서를 활용합니다. 예를 들어, 그는 자신이 투자에 대해 배운 지식을 바탕으로 복잡한 경제 상황을 분석하고, 투자 결정을 내립니다.

버핏의 독서 습관은 그에게 깊은 통찰력과 전략적 사고 능력을 부여하였습니다. 이는 그가 세계 최고의 투자자로서의 위치를 확립하는 데 큰 도움을 주었습니다.

워렌 버핏의 사례는 독서가 생각을 정리하고, 새로운 아이디어를 얻는 데 얼마나 중요한 역할을 하는지를 보여줍니다. 그의 사례는 우리에게 독서의 중요성을 상기시키며, 지식을 쌓고 생각을 정리하는 데 독서가 얼마나 효과적인 도구인지를 보여줍니다.

팀 페리스

저자, 사업가, 그리고 생산성 전문가로 알려져 있습니다. 그는 '나는 4시간만 일한다'라는 책을 통해 세계적인 명성을 얻었고,

그의 생각 정리 방법 중 하나로 알려진 '모닝 페이지' 기법은 많은 사람들에게 영감을 주었습니다.

모닝 페이지는 아침에 일어나자마자, 아무 생각 없이 3페이지를 채울 만큼 글을 쓰는 것을 의미합니다. 이것은 자기 전에 하던 생각이나 꿈, 그리고 아침에 떠오른 생각을 그대로 표현하는 방식입니다. 이 과정을 통해 자신의 무의식을 자극하고, 창의적인 생각이나 아이디어를 도출해 낼 수 있습니다.

이 방법을 통해 자신의 생각을 명확하게 정리하고, 새로운 아이디어를 발견하며, 그 날의 일과를 계획합니다. 그는 이 기법이 자신의 생산성을 향상시키고, 스트레스를 줄이는 데 큰 도움이 된다고 말합니다.

그의 이런 습관은 그의 글쓰기에도 영향을 미칩니다. 그는 모닝 페이지를 통해 자신의 글쓰기 스킬을 향상시키고, 새로운 아이디어를 발견하며, 자신의 책을 쓰는 데 도움을 받습니다.

따라서, 팀 페리스의 모닝 페이지 기법은 생각을 정리하고, 창의적인 아이디어를 도출하는 데 매우 효과적인 방법이라고 할 수 있습니다. 그의 사례는 우리에게 아침에 일어나자마자 글을 쓰는 것이 얼마나 유용한 도구가 될 수 있는지를 보여줍니다.

리처드 브랜슨

리처드 브랜슨은 버진 그룹의 창업자이며, 여러 사업에서 성공을 거둔 유명한 사업가입니다. 그의 생각 정리 방법 중 하나로 잘 알려진 것이 바로 '항상 노트를 들고 다닌다'는 것입니다.

브랜슨은 자신의 생각이나 아이디어, 회의에서의 핵심 내용 등을 즉시 기록하기 위해 항상 손에 노트를 들고 다닙니다. 그는 이런 방법이 자신의 아이디어를 놓치지 않게 하고, 생각을 명확하게 정리하는 데 큰 도움이 된다고 말합니다.

브랜슨의 이런 습관은 그의 사업 전략을 세우는 데 많은 도움을 주었습니다. 그는 노트에 기록한 아이디어를 바탕으로 새로운 사업 아이디어를 생각하거나, 문제를 해결하는 데 활용합니다. 또한, 그는 이런 방식을 통해 중요한 회의나 상황에서의 핵심 내용을 즉시 기억하고, 이를 바탕으로 효과적인 결정을 내릴 수 있습니다.

따라서, 리처드 브랜슨의 생각 정리 방법은 아이디어를 놓치지 않게 하는 것과 더불어, 생각을 명확하게 정리하고, 효과적인 결정을 내리는 데 큰 도움이 됩니다. 그의 이런 습관은 그가 다양한 사업에서 성공을 거둘 수 있게 하는 중요한 요소 중 하나였습니다.

"만약 이 노트가 없었더라면 내 사업이 이토록 커지진 않았을 것"이라며 메모의 중요성을 강조했습니다.

 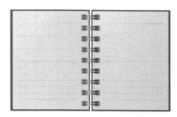

스티브 잡스

 Apple의 공동 창업자로, 그의 창의적인 사고와 혁신적인 아이디어는 세계의 기술 산업에 큰 영향을 미쳤습니다. 그의 생각정리 방법 중 하나로 '일상생활에서의 명상'이 있습니다.

잡스는 명상을 통해 자신의 마음을 진정시키고, 복잡한 문제나 상황에 대한 명확한 통찰력을 얻었습니다. 그는 이런 명상의 시간을 통해 자신의 생각을 정리하고, 중요한 결정을 내리는 데 필요한 명확성과 집중력을 향상시켰습니다.

명상이 자신의 창의력을 향상시키는 데에도 도움이 된다고 믿었습니다. 그는 일상생활에서의 명상을 통해 새로운 아이디어를 생각해내고, 기존의 문제에 대한 새로운 해결책을 찾는 데에 이를 활용하였습니다.

스티브 잡스의 이런 명상 습관은 그의 창의적인 사고와 혁신적인 아이디어를 가능하게 한 원동력 중 하나였습니다. 그의 사례는 명상이 생각을 정리하고, 새로운 아이디어를 생각해내는 데 얼마나 효과적인 도구가 될 수 있는지를 보여줍니다. 그의 이런 방법은 우리에게 복잡한 문제나 상황에 대한 명확한 해결책을 찾는 데에 명상이 얼마나 도움이 될 수 있는지를 보여줍니다.

10
생각정리, 이 도구로 시작해볼까

마인드맵

마인드맵은 우리가 생각을 정리하고 아이디어를 발전시키는 데 굉장히 유용한 도구입니다. 이것은 마치 나무를 그리는 것과 같아요. 마인드맵의 중심에는 주요 개념이나 주제가 위치하고, 그 주제에서 뻗어나가는 가지들은 그 주제와 관련된 아이디어나 개념들을 나타냅니다.

이렇게 해서 마인드맵은 우리가 복잡한 아이디어나 정보를 명확하고 직관적인 형태로 표현할 수 있게 해줍니다. 그래서 이것은 우리가 어떤 주제에 대해 어떤 생각을 가지고 있는지, 그 생각들이 어떻게 서로 연결되어 있는지를 한 눈에 볼 수 있게 해줍니다.

당신이 새로운 프로젝트를 계획하고 있다고 생각해보세요. 이럴 때 마인드맵을 사용하면, 프로젝트의 전반적인 구조를 한 눈에 볼 수 있게 됩니다. 마인드맵의 중심에는 프로젝트의 목표를 두고, 그 주제에서 뻗어나가는 가지들에는 프로젝트를 완성하기 위해 필요한 작업들이나 단계들을 나열하게 됩니다. 이런 식으로 마인드맵을 통해 프로젝트의 전체적인 흐름을 한 눈에 볼 수 있게 되고, 이로 인해 어떤 작업이 중요한지, 어떤 작업이 우선되어야 하는지를 쉽게 파악할 수 있습니다.

또한, 마인드맵은 아이디어를 브레인스토밍하는 데도 매우 유용합니다. 브레인스토밍 세션을 진행할 때 마인드맵의 중심에 주제를 두고, 그 주제에서 뻗어나가는 가지들에 생각나는 아이디어들을 기록하면, 참가자들이 자신의 아이디어를 자유롭게 표현하고 공유할 수 있게 됩니다. 그리고 이를 통해 참가자들은 더 많은 아이디어를 생각해내고, 그들의 아이디어가 어떻게 서로 연결되어 있는지를 더 잘 이해할 수 있게 됩니다.

이처럼 그 사용법이 간단하면서도 그 효과가 크기 때문에, 많은 사람들이 이것을 활용하여 생각을 정리하고 아이디어를 발전시키고 있습니다. 그래서 당신도 이 마인드맵을 활용해보세요. 이것은 당신이 생각을 더 체계적으로 정리하고, 시간을 더 효과적으로 관리하고, 목표를 더 효과적으로 달성하는 데에 큰 도움이 될 것입니다.

마인드맵은 다양한 상황에서 활용될 수 있습니다. 아래에 몇 가지 예시를 들어보겠습니다.

첫째, 중심 주제로 '새 프로젝트'를 두고, 여기서 뻗어나가는 가지로는 '목표 설정', '팀 구성', '일정 계획', '필요 자원' 등의 하위 주제를 설정할 수 있습니다. 그리고 각 하위 주제에서 또 다시 세부 사항에 대한 가지를 뻗어나가면, 전체 프로젝트의 계획을 한 눈에 볼 수 있는 구조가 완성됩니다.

둘째, 중심 주제로 브레인스토밍의 주제를 두고, 여기서 뻗어나가는 가지로는 참가자들이 제시하는 아이디어들을 기록합니다. 이렇게 하면 아이디어들이 어떻게 서로 연결되어 있는지를 쉽게 파악할 수 있습니다.

셋째, 중심 주제로 '시험 공부'를 두고, 여기서 뻗어나가는 가지로는 공부할 과목들을 설정합니다. 그리고 각 과목에서 또 다시 세부 주제에 대한 가지를 뻗어나가면, 전체 공부 계획을 한 눈에 볼 수 있는 구조가 완성됩니다.

넷째, 중심 주제로 '여행 계획'을 두고, 여기서 뻗어나가는 가지로는 '여행지', '숙소', '식사', '여행 일정', '예산' 등의 하위 주제를 설정할 수 있습니다. 그리고 각 하위 주제에서 또 다시 세부 사항에 대한 가지를 뻗어나가면, 전체 여행 계획을 한 눈에 볼 수 있는 구조가 완성됩니다.

이러한 예제들을 통해 보시면 알 수 있듯이, 마인드맵은 복잡한 정보를 체계적으로 정리하고, 아이디어를 시각적으로 표현하는 데 매우 유용한 도구입니다. 따라서 당신이 어떤 목표를 달성하거나, 어떤 문제를 해결하려고 할 때, 마인드맵을 활용해보세요. 그러면 당신은 좀 더 체계적으로 생각을 정리하고, 효과적으로 시간을 관리하고, 더욱 성공적으로 목표를 달성할 수 있을 것입니다.

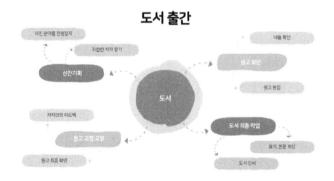

에버노트

에버노트는 '디지털 노트북' 같은 서비스입니다. 아이디어가 떠올랐을 때, 또는 어떤 중요한 정보를 보았을 때, 그것을 바로 에버노트에 기록할 수 있습니다. 그리고 그 기록은 언제든지 찾아볼 수 있습니다. 이런 점에서 에버노트는 생각을 정리하고, 아이디어를 발전시키는 데 매우 유용한 도구입니다.

강의를 준비하거나 미팅을 계획하는 중에 새로운 아이디어가 떠올랐다고 생각해보세요. 이럴 때 에버노트를 사용하면, 그 아이디어를 바로 기록하고, 나중에 그것을 찾아볼 수 있습니다. 그리고 그 아이디어는 다른 아이디어나 정보와 함께 카테고리별로 정리할 수 있습니다. 이렇게 하면, 어떤 아이디어가 어떻게 서로 연결되어 있는지를 쉽게 파악할 수 있습니다.

다양한 형식의 콘텐츠를 저장하고 관리할 수 있습니다. 웹 페이지, 이메일, 사진, 동영상 등을 에버노트에 저장할 수 있습니다. 이런 기능은 정보를 찾고, 관리하고, 공유하는 데 매우 유용합니다.

클라우드 기반 서비스이기 때문에 어디서든 접근이 가능합니다. 따라서, 사무실에서는 데스크톱을, 집에서는 노트북을, 이동 중에는 스마트폰을 사용하여 에버노트에 접근할 수 있습니다. 이

렇게 하면, 어디서든 생각을 기록하고, 정보를 찾고, 아이디어를
발전시킬 수 있습니다.

에버노트는 협업에도 매우 유용합니다. 여러분이 작성한 노트
를 다른 사람과 공유하거나, 다른 사람과 협업하여 노트를 같이
작성할 수 있습니다. 이런 기능은 팀 프로젝트나 그룹 활동에 있
어서 매우 유용합니다.

생각을 정리하고, 아이디어를 발전시키고, 정보를 체계적으로
관리하고, 시간을 효율적으로 활용하는 데 큰 도움이 됩니다.

출처 : evernote.com

에버노트는 다양한 방법으로 활용될 수 있습니다. 몇 가지 예
를 들어 보겠습니다.

첫째, 여행을 계획할 때 에버노트를 활용하는 사례가 있습니다. 예를 들어, 여행지에 대한 정보, 항공편 및 숙소 예약 정보, 여행 일정 등을 에버노트에 저장하고, 이를 통해 여행을 효과적으로 계획하고 관리합니다. 또한, 여행 중에 찍은 사진이나 동영상도 에버노트에 저장하여 추억을 기록하는 데 사용하기도 합니다.

둘째, 쿠킹 블로거나 요리를 좋아하는 사람들 중에는 에버노트를 활용하여 레시피를 저장하고 관리하는 사례가 있습니다. 웹사이트에서 찾은 레시피, TV 프로그램에서 본 요리 방법, 직접 만든 레시피 등을 에버노트에 저장하고, 이를 통해 레시피를 쉽게 찾아보고 관리합니다.

셋째, 디자이너나 작가 등의 창작자들 중에는 에버노트를 활용하여 자신의 작품을 기록하고 관리하는 사례가 있습니다. 에버노트에 작품 사진이나 설명, 스케치 등을 저장하고, 이를 통해 자신의 포트폴리오를 관리하고 공유합니다.

넷째, 일부 사용자들은 에버노트를 활용하여 건강관리를 하는 사례가 있습니다. 예를 들어, 운동 계획, 식단, 병원 방문 기록 등을 에버노트에 기록하고, 이를 통해 자신의 건강 상태를 체크하고 관리합니다.

이처럼 에버노트는 다양한 분야에서 활용되며, 각자의 목적과
필요에 따라 다른 방식으로 사용될 수 있습니다.

노션

노션은 마치 블록을 쌓아올리듯이 아이디어나 정보를 정리할 수 있는 도구입니다. 우리의 생각이나 아이디어는 종종 복잡하게 얽혀 있기 마련인데, 노션을 활용하면 이런 복잡한 생각을 체계적으로 정리하고 관리할 수 있어요.

가장 큰 특징 중 하나는 '블록' 기반의 구조입니다. 블록이란, 텍스트나 리스트, 이미지, 링크 등 다양한 형태의 정보를 담을 수 있는 작은 단위를 말해요. 이렇게 다양한 형태의 블록을 마치 레고 블록을 쌓아올리듯이 자유롭게 조합하고 재배열할 수 있습니다. 이를 통해 생각이나 아이디어를 자연스럽게 표현하고 정리할 수 있어요.

그리고 노션에는 페이지를 만들고 그 안에 무제한으로 서브페이지를 생성할 수 있는 기능이 있습니다. 이를 활용하면, 복잡한 주제를 여러 개의 페이지로 나누고 각 페이지 안에서 다시 세부적인 내용을 서브페이지로 정리할 수 있어요. 이렇게 하면 큰 주제에서 작은 주제까지 체계적으로 생각을 정리할 수 있습니다.

다양한 템플릿을 제공하고 있어요. 이 템플릿들은 브레인스토밍에서부터 회의록 작성, 할 일 리스트 관리에 이르기까지 다양한 상황에 맞게 사용할 수 있습니다. 템플릿을 활용하면, 복잡한 생각을 빠르게 정리하고 체계화하는 데 큰 도움이 됩니다.

게다가, 노션은 팀원들과의 협업에도 탁월합니다. 페이지를 공유하고 함께 수정하며, 댓글을 통해 의견을 주고받을 수 있습니다. 이렇게 하면 여러 사람의 생각을 모아 하나의 아이디어를 만들어 나가는 데 매우 유용합니다.

데이터베이스 기능을 이용하면, 복잡하고 방대한 정보도 체계적으로 관리할 수 있습니다. 표, 갤러리, 리스트, 달력 등 다양한 형태의 데이터베이스를 활용하면, 필요한 정보를 쉽게 찾고 업데이트할 수 있어요.

우리의 복잡한 생각을 체계적으로 정리하고 관리하는 데 매우 효율적인 도구입니다. 그래서 노션을 활용하면 생각이나 아이디어를 더욱 명확하게 표현하고 발전시킬 수 있습니다.

그 사용법이 매우 다양하므로, 사용자의 목적과 상황에 따라 다양하게 활용될 수 있습니다. 다음은 노션을 잘 활용한 몇 가지 예제입니다.

첫째, 노션을 사용하여 개인 프로젝트를 관리하는 사례가 있습니다. 예를 들어, 새로운 스타트업 아이디어를 구상하고 있는 창업자가 노션을 활용해 아이디어 브레인스토밍, 비즈니스 모델 설계, 마케팅 전략 계획 등을 체계적으로 정리하고 관리합니다. 이렇게 하면 효율적으로 프로젝트를 진행할 수 있습니다.

둘째, 대학원생이나 연구원 등이 노션을 활용해 연구 노트를 관리하는 사례가 있습니다. 연구 주제별로 페이지를 생성하고, 그 안에 연구 자료, 문헌 정리, 실험 결과 등을 체계적으로 정리합니다. 이렇게 하면 연구 과정을 효과적으로 관리하고, 필요한 정보를 쉽게 찾을 수 있습니다.

셋째, 기업에서는 노션을 활용해 팀의 작업을 관리하는 사례가 있습니다. 팀원들의 업무 일정, 프로젝트 진행 상황, 회의록 등을 노션에 기록하고 공유합니다. 이렇게 하면 팀의 작업 흐름을 한눈에 파악하고, 효율적으로 협업을 진행할 수 있습니다.

넷째, 노션을 활용해 개인 생활을 관리하는 사례도 있습니다. 예를 들어, 개인의 일일 계획, 독서 목록, 영화 리뷰, 여행 계획 등을 노션에 정리하고 관리합니다. 이렇게 하면 자신의 생활을 체계적으로 관리하고, 자신만의 아카이브를 만들어 나갈 수 있습니다.

이처럼 노션은 개인의 생활 관리부터 기업의 업무 관리에 이르기까지 다양한 분야에서 활용될 수 있습니다. 이러한 예제들을 참고하여, 노션을 활용하는 방법을 찾아보세요.

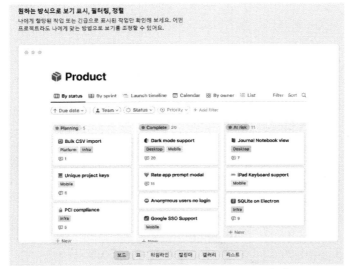

출처 : notion.so

만다라트

아마이즈미 히로아키가 만든 만다라트는 생각을 정리하는 훌륭한 도구입니다. 만다라트는 '만다라Manda+la'와 기술과 예술 그리고 틀을 의미하는 '아트Art'를 합친 말로, 우리의 생각이나 아이디어를 중심에서 외각으로 확장시키는 방식을 의미합니다. 이 방식은 마치 돌을 호수에 던져 물결이 퍼져나가는 것처럼, 한 가지 아이디어에서 다양한 아이디어로 퍼져나가는 모습을 상상하시면 좋습니다.

만다라트를 활용하면 복잡한 생각을 체계적으로 정리하고 시각화할 수 있습니다. 예를 들어, '여행 계획'이라는 주제를 중심으로 만다라트를 작성해본다면, 첫 번째 가지로는 '여행지 선정', '교통 수단', '숙박 시설' 등을 떠올릴 수 있겠죠. 그리고 '여행지 선정'에서는 또 다시 '관광지 정보', '음식점 추천', '날씨 예보' 등의 세부 주제를 도출할 수 있습니다.

이렇게 하면 복잡한 여행 계획도 체계적으로 정리하면서, 빠뜨릴 수 있는 정보를 놓치지 않고 챙길 수 있습니다. 또한, 이렇게 정리된 만다라트를 보면서 더 나은 아이디어가 떠오르면 언제든지 추가하거나 수정할 수 있습니다.

한 페이지에 내용을 볼 수 있고, 구체적이고 논리적으로 생각을 정리할 수 있습니다.

이런 식으로 만다라트는 개인적인 생각 정리부터 브레인스토밍, 문제 해결, 계획 수립에 이르기까지 다양하게 활용될 수 있습니다. 그래서 만다라트는 학교 교육부터 회사 업무, 개인의 일상생활까지 많은 분야에서 활용되고 있습니다.

만다라트 작성법

1. 가로세로 9칸씩 81칸의 사각형을 그린다.
2. 제일 중심인 가운데에 핵심목표를 적는다.
3. 핵심주제와 관련된 하위목표를 적는다.
4. 하위목표 주위에 실행방안을 적는다.

2024년 출판 계획

저자 발굴	원고 기획	저자 미팅	저자 발굴	원고 기획	저자 미팅	저자 발굴	원고 기획	저자 미팅
인세 계산	경제	자료 수집	인세 계산	자기계발	자료 수집	인세 계산	에세이	자료 수집
세부 분야	교정교열	도서 제작	세부 분야	교정교열	도서 제작	세부 분야	교정교열	도서 제작
저자 발굴	원고 기획	저자 미팅	경제	자기계발	에세이	저자 발굴	원고 기획	저자 미팅
인세 계산	소설	자료 수집	소설	베스트셀러	건강	인세 계산	건강	자료 수집
세부 분야	교정교열	도서 제작	가정과생활	소설	인문	세부 분야	교정교열	도서 제작
저자 발굴	원고 기획	저자 미팅	저자 발굴	원고 기획	저자 미팅	저자 발굴	원고 기획	저자 미팅
인세 계산	가정과생활	자료 수집	인세 계산	소설	자료 수집	인세 계산	인문	자료 수집
세부 분야	교정교열	도서 제작	세부 분야	교정교열	도서 제작	세부 분야	교정교열	도서 제작

로직 트리

로직 트리는 생각을 체계적으로 정리하고, 복잡한 문제를 구조적으로 분해하고 이해하는 데 도움이 되는 도구입니다. 이는 마치 나무가 뿌리에서 가지로 나눠져 나가는 것처럼, 큰 문제를 작은 문제로 나눠서 접근하는 방법이죠.

로직 트리를 상상해보시면 나무를 떠올리실 수 있을 거예요. 나무는 뿌리에서 시작해서 가지와 잎으로 나눠져 나가는 구조를 가지고 있죠. 이렇게 '시간관리'라는 큰 문제를 작은 문제로 나누어 보는 것이 로직 트리의 기본 아이디어예요.

'시간관리'라는 큰 나무를 생각해봅시다. 이 큰 나무는 '일정 관리', '업무 효율성', '스트레스 관리'라는 세 개의 큰 가지로 나눌 수 있을 거예요. 그리고 이 각각의 가지에서 또 다시 작은 가지들이 나뉘겠죠. '일정 관리'라는 가지에서는 '일정표 작성', '우선순위 설정', '데드라인 준수'라는 작은 가지들이 나뉘는 것이죠.

이렇게 큰 문제를 작은 문제로 나누는 것이 로직 트리의 기본 원리에요. 이 원리를 통해 우리는 복잡하게 느껴지는 큰 문제를 작은 문제로 나누어 보면서, 각각의 작은 문제를 해결해 나가는 방법을 배울 수 있습니다.

또한, 이렇게 로직 트리를 통해 문제를 구조적으로 이해하면,

문제의 원인과 해결책을 명확하게 파악하는 데 도움이 됩니다. 이를 통해 우리는 시간을 더욱 효율적으로 관리하는 방법을 배울 수 있어요.

이렇게 로직 트리를 활용하면, 복잡한 문제를 체계적으로 분해하고, 각각의 문제를 해결하는 방법을 찾아나가는 과정에서 시간 관리의 핵심적인 아이디어를 이해하고 실천하는 데 도움이 될 것입니다.

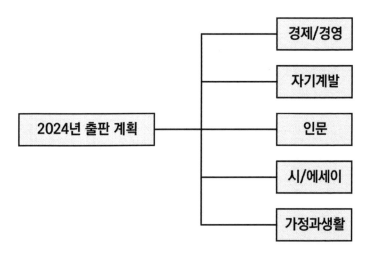

피셔 다이어그램

피셔 다이어그램은 복잡한 문제를 구조적이고 체계적으로 분석하고 해결하는 데 도움이 되는 도구입니다. 이 도구는 문제의 원인을 파악하고, 이를 바탕으로 문제 해결 방안을 도출하는 데 효과적입니다.

피셔 다이어그램을 활용하는 방법을 이야기 형식으로 설명해 보겠습니다.

'시간관리'라는 큰 주제를 어떻게 하면 조금 더 쉽게 접근할 수 있을지에 대해 알아보려고 하는데 그 방법 중 하나가 바로 '피셔 다이어그램'이라는 도구를 활용하는 것입니다.

피셔 다이어그램은 문제의 원인과 결과를 분석하는 도구로, 물고기 뼈를 닮은 모양 때문에 이런 이름이 붙었어요. 이 도구를 사용하면 '시간 관리'라는 문제가 왜 발생하는지 원인을 찾아볼 수 있습니다.

'시간을 제대로 관리하지 못하는 이유는 무엇일까?'라는 질문을 던져볼 수 있어요. 이 질문에 대한 답으로 '일정을 정확하게 계획하지 않는다', '중요하지 않은 일에 시간을 너무 많이 쓴다',

'자주 방해를 받는다' 등의 원인을 찾아낼 수 있겠죠.

그리고 이 원인들을 바탕으로 '일정을 어떻게 효과적으로 계획할 수 있을까?', '중요하지 않은 일에 시간을 쓰지 않기 위한 방법은 무엇일까?', '방해를 최소화하는 방법은 무엇일까?' 등의 새로운 질문을 던져볼 수 있습니다. 이런 질문들을 통해 '시간관리'라는 문제를 해결하는 방안을 도출해낼 수 있어요.

피셔 다이어그램을 활용하면 복잡한 문제를 체계적으로 분석하고, 문제의 원인을 파악하고 이를 바탕으로 문제 해결 방안을 도출하는 데 도움이 됩니다. 이를 통해 시간관리에 어려움을 겪는 사람들이 자신의 문제를 더욱 명확하게 이해하고, 이를 해결하는 방법을 찾아내는 데 도움이 될 것입니다.

구글 킵

구글 킵은 생각을 정리하고 아이디어를 저장하는 데 아주 훌륭한 도구입니다. 간단한 메모부터, 체크리스트, 이미지, 음성 노트 등 다양한 형태의 정보를 쉽게 저장하고 관리할 수 있어요.

"여러분, 생각이나 아이디어가 떠올랐을 때 어떻게 하시나요? 종이에 적어두시나요, 아니면 그냥 기억에 의존하시나요? 그런 방법도 좋지만, '구글 킵'이라는 도구를 활용해보는 건 어떨까요?"

구글 킵은 우리의 생각이나 아이디어를 쉽게 기록하고 관리할 수 있는 도구입니다. 예를 들어, 갑자기 떠오른 아이디어나 해야 할 일들을 적어두고, 필요할 때 언제든지 확인할 수 있어요. 이렇게 하면 우리의 생각이나 아이디어를 놓치지 않고 잘 관리할 수 있죠.

'체크리스트'라는 기능도 있어 이 기능을 활용하면, 할 일 목록이나 쇼핑 리스트 등을 쉽게 작성하고 관리할 수 있어요. '이번 주에 해야 할 일'이라는 체크리스트를 만들고, 일을 하나씩 완료할 때마다 체크를 해보세요. 이렇게 하면 우리의 일상 업무를 체계적으로 관리하고, 시간을 효율적으로 활용할 수 있습니다.

그리고 구글 킵은 '라벨', '색상', 그리고 '미리 알림' 등의 기능을 통해 정보를 분류하고 관리하는 데 도움을 줍니다. '일정'이라는 라벨을 만들어서 일정 관련 메모들을 분류하거나, 중요한 메모에는 눈에 띄는 색상을 추가할 수 있어요. 또한, '미리 알림' 기능을 활용하면 중요한 일정이나 업무를 잊지 않고 수행할 수 있습니다.

클라우드 기반의 도구라서 어디서든 접근해서 사용할 수 있어요. 컴퓨터에서든, 스마트폰에서든, 언제든 필요한 정보를 확인하고, 생각이나 아이디어를 기록할 수 있습니다.

이렇게 구글 킵을 활용하면, 생각을 체계적으로 정리하고, 아이디어를 효율적으로 관리할 수 있습니다. 이 도구를 통해 시간 관리를 더욱 효과적으로 할 수 있고, 생각이나 아이디어를 빠르게 기록하고 이를 바탕으로 행동할 수 있습니다.

출처 : play.google.com

칸반 보드

칸반 보드는 작업 관리와 생각 정리에 효과적인 도구입니다. 칸반 보드는 일반적으로 '해야 할 일', '진행 중인 일', '완료한 일'의 세 가지 카테고리로 구성되며, 각각의 작업을 카드 형태로 관리하게 됩니다.

이번에는 칸반 보드를 활용하는 방법에 대해 이야기 형식으로 설명해 보겠습니다.

칸반 보드는 '해야 할 일', '진행 중인 일', '완료한 일'의 세 가지 카테고리로 구성되어 있어요. 여러분이 해야 하는 일들을 '해야 할 일' 카테고리에 적어두고, 작업을 시작하면 그 카드를 '진행 중인 일' 카테고리로 옮깁니다. 일이 끝나면 '완료한 일' 카테고리로 이동시키는 거죠.

이렇게 하면 여러분이 어떤 일을 해야 하는지, 현재 어떤 일을 하고 있는지, 어떤 일을 완료했는지 한눈에 파악할 수 있습니다. 이는 우리의 작업을 체계적으로 관리하고, 시간을 효율적으로 활용하는 데 큰 도움이 됩니다.

특히 칸반 보드는 우리의 생각을 정리하는 데도 매우 유용합니다. 머릿속에 떠도는 아이디어나 생각을 카드에 적어두면, 그것들을 체계적으로 관리하고 발전시킬 수 있습니다. 또한, 이러한 과정을 통해 더 깊은 생각이나 새로운 아이디어를 도출해낼 수 있습니다.

칸반 보드를 활용하면 생각을 체계적으로 정리하고, 작업을 효과적으로 관리할 수 있습니다. 이를 통해 시간 관리에 어려움을 겪는 사람들이 자신의 문제를 더욱 명확하게 이해하고, 이를 해결하는 방법을 찾아내는 데 도움이 될 것입니다.

ToDo 리스트

ToDo 리스트는 간단히 말해서 '해야 할 일'들을 적어 놓는 목록입니다. 이 리스트는 일상 생활에서부터 업무 상황까지 다양한 상황에서 활용될 수 있습니다.

첫 번째로, 우리가 해야 할 일들을 명확하게 인식하게 해줍니다. 때로는 해야 할 일이 너무 많아 어디서부터 시작해야 할지 모르는 경우가 있습니다. 이럴 때 ToDo 리스트를 작성하면, 할 일들이 한눈에 보이게 됩니다. 이는 어떤 일을 먼저 시작할지 결정하는 데 도움을 줍니다.

두 번째로, 중요한 일을 잊지 않게 해줍니다. 때때로 중요한 일을 잊어버리곤 합니다. 그러나 만약 이런 일들을 ToDo 리스트에 적어 두었다면, 그 일을 잊어버리는 일은 없을 것입니다. 이는 중요한 일을 놓치지 않게 도와주는 좋은 방법입니다.

세 번째로, 시간을 더 효율적으로 사용하게 해줍니다. ToDo 리스트를 만들 때는 가장 중요하거나 급한 일부터 적는 것이 좋습니다. 그리고 각각의 일에 대해 어느 정도의 시간을 할애해야 하는지도 함께 고려해보는 것이 좋습니다. 이렇게 하면 시간을 더 효율적으로 사용할 수 있습니다.

네 번째로, 생각을 정리하고 아이디어를 발전시키는 데 도움이 됩니다. 때때로 머릿속에 떠도는 생각이나 아이디어를 정리하는 데 어려움을 겪습니다. 이럴 때 ToDo 리스트를 활용하면, 그 생각이나 아이디어를 명확하게 정리하고 발전시킬 수 있습니다.

마지막으로, 일상의 스트레스를 줄이는 데 도움이 됩니다. 할일이 많을수록 그 일들을 어떻게 해야 할지에 대해 스트레스를 받기 쉽습니다. 그러나 ToDo 리스트를 작성하면, 그 일들을 체계적으로 관리할 수 있기 때문에 스트레스를 줄일 수 있습니다.

ToDo 리스트를 만드는 방법에는 여러 가지가 있습니다. 종이와 펜을 이용해서 간단하게 만들 수도 있고, 스마트폰이나 컴퓨터에서 ToDo 리스트 앱을 이용해서 만들 수도 있습니다. 어떤 방법을 선택할지는 여러분의 취향과 상황에 따라 달라집니다.

Microsoft OneNote

Microsoft OneNote는 마치 당신의 디지털 필기장처럼 작동하는 도구입니다. 이것은 당신이 필요로 하는 모든 정보를 한 곳에서 쉽게 찾을 수 있도록 돕는다는 것을 의미합니다. OneNote는 마치 실제 노트북처럼, 다양한 섹션과 페이지를 만들어 정보를 구조화하고 관리할 수 있습니다.

작성할때는 "여행 계획"이라는 섹션을 만들고 그 안에 "비행 일정", "숙소 예약", "여행지 정보" 등의 페이지를 만들 수 있습니다. 또는 "프로젝트 관리"라는 섹션을 만들고, 그 안에 각각의 프로젝트에 대한 페이지를 만들 수도 있습니다. 이렇게 하면, 필요한 정보를 찾기 위해 수많은 파일이나 이메일을 뒤져야 하는 번거로움을 피할 수 있습니다.

첫째, 다양한 형식의 노트를 지원합니다. 텍스트를 입력하거나, 그림을 그리거나, 웹 페이지를 클립하거나, 오디오나 비디오를 기록하거나, 스크린샷을 캡처하거나, PDF를 첨부하는 등의 방법으로 정보를 수집하고 정리할 수 있습니다. 특히 터치스크린이나 스타일러스를 지원하는 디바이스에서는 손으로 필기 노트를 작성하는 것도 가능합니다.

둘째, 다른 Microsoft Office 도구와도 잘 연동됩니다. 예를 들어, Outlook에서 일정이나 할 일을 OneNote에 쉽게 전송할 수 있습니다. 또한, PowerPoint나 Word 문서를 OneNote에 첨부하면 원본 문서를 열지 않고도 내용을 확인할 수 있습니다.

셋째, 노트를 다른 사람과 공유하고 함께 편집하는 기능을 제공합니다. 이렇게 함께 작업하면, 팀 프로젝트를 관리하거나 회의록을 작성하는 등의 작업이 훨씬 쉬워집니다.

마지막으로, OneNote는 Windows, macOS, iOS, Android 및 웹 브라우저에서 사용할 수 있습니다. 따라서 어느 디바이스에서든 당신의 노트에 접근하고 업데이트할 수 있습니다.

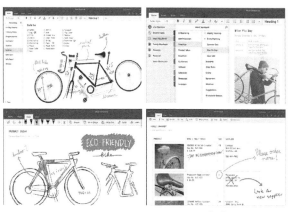

출처 : microsoft.com

이런 특징들 덕분에 OneNote는 개인적인 메모 작성부터 학습 자료 관리, 회의록 작성, 프로젝트 관리 등 다양한 용도로 활용됩니다. 필요에 따라 OneNote를 유연하게 활용하면, 정보를 효과적으로 수집하고 관리하는 데 큰 도움이 될 것입니다.

Apple Notes

Apple Notes는 애플의 디바이스 사용자들에게 제공되는 노트 작성 앱입니다. 그것은 단순함과 편의성으로 많은 사람들에게 사랑받고 있습니다.

일단, 마치 디지털 노트북에 필기하는 것처럼 빠르고 쉽게 아이디어나 생각을 기록할 수 있습니다. 이는 텍스트뿐만 아니라, 필기 노트, 그림, 사진, 웹페이지, 지도, 그리고 문서 등 다양한 형식으로 가능합니다. 예를 들어, 여행 계획을 세울 때는 관련된 웹페이지를 저장하거나, 지도에 표시를 해두거나, 사진을 첨부하거나, 그리고 할 일 목록을 작성할 수 있습니다.

폴더를 만들어서 노트를 정리하는 기능도 있습니다. 이는 여러분의 노트가 많아질수록 더욱 중요해집니다. 폴더를 이용하면 관련된 노트들을 묶어서 관리할 수 있어, 필요한 정보를 찾기가 훨씬 쉬워집니다. 예를 들어, "여행 계획"이라는 폴더를 만들고 그 안에 "파리 여행", "도쿄 여행" 등의 서브 폴더를 만들 수 있습니다.

또 다른 특징은 노트를 다른 사람과 공유하고, 함께 편집할 수 있다는 것입니다. 이는 팀 프로젝트를 하거나, 가족들과 여행 계획을 세울 때 매우 유용합니다. 함께 작업하면, 모든 사람이 최신 정보를 확인할 수 있고, 아이디어를 쉽게 공유할 수 있습니다.

간단한 테이블을 만들어 정보를 정리할 수 있습니다. 예를 들어, 여행비용을 계산하거나, 개인적인 예산을 관리하거나, 프로젝트 일정을 계획할 때 테이블을 사용하면 편리합니다.

애플의 모든 디바이스에서 동기화되므로, 어디서든 여러분의 노트를 확인하고 편집할 수 있습니다. 이는 아이폰에서 노트를 작성하고, 아이패드에서 그림을 추가하고, 맥에서 노트를 정리하고, 애플 워치에서 빠르게 노트를 확인하는 것을 가능하게 합니다.

이렇게 보면, Apple Notes는 단순한 메모 앱을 넘어서 여러분의 일상생활에서 중요한 정보를 수집하고 관리하는 데 필수적인 도구입니다. 이를 통해 일정을 계획하거나, 아이디어를 구체화하거나, 중요한 정보를 기억하는 데 도움이 될 것입니다.

Toggl

Toggl은 시간 추적 도구로, 사용자가 일상생활이나 업무에서 어떻게 시간을 사용하는지를 추적하고 분석하는 데 도움을 주는 앱입니다. 이 앱을 이용하면, 당신이 어떤 활동에 얼마나 많은 시간을 소비하는지를 정확하게 파악할 수 있습니다.

매일 아침 일어나서 하루를 시작할 때, 우리는 자신이 해야 할 일에 대해 생각하게 됩니다. 이메일을 확인하고, 회의에 참석하고, 보고서를 작성하고, 가족과 시간을 보내고, 운동을 하고, 취미 생활을 즐기는 등 많은 일들이 우리를 기다립니다. 그런데 하루가 끝나고 나면, 우리는 때때로 "시간이 어디로 갔지?"라는 생각을 하게 됩니다. 이럴 때, Toggl은 우리에게 매우 유용한 도구가 될 수 있습니다.

Toggl을 사용하면, 당신이 하루 동안 어떤 일에 얼마나 많은 시간을 쏟아부었는지를 쉽게 확인할 수 있습니다. 예를 들어, 이메일을 확인하는 데 얼마나 많은 시간을 사용했는지, 또는 프로젝트 작업에 얼마나 많은 시간을 할애했는지, 심지어는 점심시간이나 휴식 시간에 얼마나 많은 시간을 보냈는지를 알 수 있습니다. 이런 정보는 우리가 시간을 어떻게 사용하고 있는지를 이해하고, 필요한 경우에는 시간 관리 전략을 개선하는 데 도움이 됩니다.

간편한 인터페이스와 다양한 기능을 제공하므로, 어떤 활동에 대한 시간을 기록하고 분석하는 것이 매우 쉽습니다. 예를 들어, "시작" 버튼을 누르면 시간 추적이 시작되고, "정지" 버튼을 누르면 시간 추적이 종료됩니다. 또한, 다양한 카테고리와 태그를 설정하여, 시간 사용 현황을 더욱 세부적으로 분석할 수 있습니다.

웹, 데스크톱, 모바일 앱으로 사용할 수 있으므로, 어디서든 시간을 추적하고 분석할 수 있습니다. 이는 당신이 출퇴근 중이거나 여행 중일 때에도 시간을 관리하는 데 도움이 됩니다.

결국, Toggl은 우리가 시간을 더욱 효과적으로 사용하도록 돕는 도구입니다. 이를 통해, 우리는 자신이 중요하다고 생각하는 일에 더욱 많은 시간을 쏟을 수 있게 됩니다.

출처 : track.toggl.com

RescueTime

RescueTime은 개인이나 조직이 시간을 어떻게 사용하는지를 분석하고 이해하는 데 도움을 주는 도구입니다. 이것은 우리가 자신의 시간을 더 효율적으로 사용하도록 도와주는 것을 목표로 합니다.

우리 모두는 하루에 24시간을 가지고 있습니다. 그러나 종종 우리는 이 시간을 어떻게 사용하는지에 대해 정확한 이해 없이 그냥 지나가게 됩니다. "오늘 하루가 어떻게 지나갔지?"라는 생각을 한 적이 있다면, RescueTime이 당신에게 도움이 될 수 있습니다.

당신이 컴퓨터나 스마트폰에서 어떤 액티비티에 얼마나 많은 시간을 소비하는지를 알 수 있습니다. 이는 웹 사이트 브라우징, 문서 작성, 이메일 처리, 소셜 미디어 사용 등 모든 액티비티를 포함합니다. 이 정보는 시간을 어떻게 사용하고 있는지에 대한 명확한 그림을 제공하므로, 시간 관리 전략을 개선하는 데 도움이 됩니다.

예를 들어, 당신이 업무 시간 중에 소셜 미디어에 너무 많은 시간을 쓰고 있다는 것을 발견했다면, 이러한 활동을 줄이기 위한 방법을 찾을 수 있습니다. 또는, 당신이 특정 프로젝트에 너무 적은 시간을 할애하고 있다는 것을 알게 된다면, 이 프로젝트에 더 많은 시간을 보내기 위한 계획을 세울 수 있습니다.

또한 "목표 설정" 기능을 제공합니다. 이를 통해 당신은 특정 활동에 대한 시간 사용 목표를 설정하고, 이를 추적할 수 있습니다. 이는 당신이 자신의 시간 사용 패턴을 개선하고자 할 때 매우 유용합니다.

"불필요한 방해"를 차단하는 기능도 제공합니다. 이는 당신이 집중력을 유지하고, 중요한 작업에 집중하는 데 도움이 됩니다.

RescueTime은 당신이 시간을 어떻게 사용하는지에 대한 통찰력을 제공하므로, 당신은 더 효율적인 시간 관리 전략을 개발할 수 있습니다. 이는 당신이 더 많은 일을 처리하고, 더 많은 성과를 달성하고, 그리고 더 많은 여가 시간을 가질 수 있도록 돕습니다. 이런 면에서 RescueTime은 당신의 생활을 개선하는 데 중요한 도구라고 할 수 있습니다.

출처 : play.google.com

MindMeister

MindMeister는 온라인에서 사용할 수 있는 마인드 맵핑 도구입니다. 이것은 우리가 아이디어를 구조화하고, 정보를 정리하고, 생각을 확장하는 데 도움을 줍니다. 이는 개인적인 프로젝트부터 팀 작업까지 다양한 상황에서 유용하게 사용될 수 있습니다.

마인드 맵핑이란 중심 주제에서 시작하여 관련 아이디어와 개념을 연결하는 방식으로 정보를 시각화하는 기법입니다. 이는 우리의 두뇌가 정보를 처리하는 방식과 유사하므로, 아이디어를 기록하고, 연관된 아이디어를 발견하고, 문제를 해결하는 데 도움이 됩니다.

MindMeister를 사용하면, 당신은 이러한 마인드맵을 쉽게 그릴 수 있습니다. 그냥 중심 주제를 입력하고, 관련 아이디어를 추가하고, 이들을 연결하면 됩니다. 이를 통해 당신은 복잡한 아이디어나 프로젝트를 명확하게 이해하고, 관련된 아이디어를 쉽게 찾을 수 있습니다.

팀 작업에도 유용하게 사용될 수 있습니다. 여러 사람이 동시에 마인드맵을 작업하고, 아이디어를 추가하고, 피드백을 주고받을 수 있습니다. 이는 팀 프로젝트를 계획하거나, 브레인스토밍을 진행하거나, 문제 해결을 위한 아이디어를 모으는 데 매우 유용합니다.

웹 기반 앱이므로, 어디서든 인터넷이 연결된 컴퓨터나 모바일 장치에서 사용할 수 있습니다. 이는 당신이 사무실에서든, 집에서든, 심지어는 출장 중이든 언제든지 아이디어를 기록하고 공유할 수 있음을 의미합니다.

우리가 아이디어를 구조화하고, 생각을 확장하고, 정보를 공유하는 데 도움을 주는 도구입니다. 이는 우리가 더 효과적으로 생각하고, 더 많은 아이디어를 생성하고, 더 성공적인 결정을 내리는 데 도움이 됩니다. 이런 면에서 MindMeister는 당신의 일상생활과 업무에 중요한 도구라고 할 수 있습니다.

출처 : mindmeister.com

Airtable

Airtable은 클라우드 기반의 프로젝트 관리 도구로, 스프레드시트와 데이터베이스의 기능을 결합한 형태입니다. 이 도구는 사용자가 정보를 입력하고, 정렬하고, 분석하는데 매우 유용합니다.

우리가 일상생활이나 업무에서 정보를 다룰 때, 종종 이 정보를 정리하고 관리하는 것이 어렵습니다. 프로젝트를 관리하거나, 일정을 계획하거나, 고객 정보를 정리하는 등의 작업을 할 때 많은 정보를 다루게 됩니다. 이런 경우, Airtable이 큰 도움이 됩니다.

다양한 뷰를 제공하여, 정보를 보다 효과적으로 관리할 수 있습니다. 예를 들어, 달력 뷰를 사용하면, 일정을 시간 순서대로 쉽게 확인할 수 있습니다. 칸반 뷰를 사용하면, 각 업무의 상태를 한눈에 확인할 수 있습니다.

팀 작업에도 매우 유용합니다. 여러 사람이 동시에 정보를 입력하고 수정할 수 있으므로, 팀원들과 정보를 쉽게 공유하고 협업할 수 있습니다.

우리가 정보를 보다 효과적으로 관리하고 공유하는 데 도움을 주는 도구입니다. 이를 통해, 우리는 업무를 더욱 효율적으로 처리하고, 프로젝트를 더욱 성공적으로 관리하고, 시간을 더욱 효과적으로 사용할 수 있습니다.

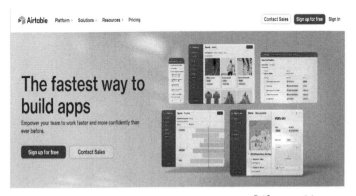

출처 : airtable.com

slack

slack은 협업을 위한 클라우드 기반 메시징 플랫폼입니다. 이 도구는 팀원들이 서로 소통하고 협업하는 것을 돕기 위해 설계되었습니다.

우리가 일상 업무를 수행하면서 가장 중요한 것 중 하나는 효과적인 소통입니다. 우리는 종종 이메일이나 전화, 미팅 등 다양한 방법으로 소통하게 되지만, 이러한 방법들은 시간이 많이 소요되거나, 정보가 분산되어 관리하기 어렵다는 문제가 있습니다. Slack은 이러한 문제를 해결해 줍니다.

'채널'이라는 개념을 사용합니다. 채널은 특정 주제나 프로젝트에 대해 팀원들이 소통하고 협업하는 공간입니다. 예를 들어, '마케팅' 채널에서는 마케팅 관련 아이디어를 공유하고, '개발' 채널에서는 개발 관련 이슈를 논의하며, '일정' 채널에서는 팀의 일정을 관리할 수 있습니다.

또한, slack에서는 메시지를 보내고 받을 뿐 아니라, 파일을 공유하거나, 다른 앱과 연동하거나, 직접 메시지를 보내서 1:1 소통도 가능합니다. 이런 기능들은 팀원들이 정보를 쉽게 공유하고, 업무를 효과적으로 협업하는 데 도움이 됩니다.

웹과 모바일 앱 모두에서 사용할 수 있으므로, 사무실이나 집,

이동 중에서도 소통과 협업을 계속할 수 있습니다. 이는 시간과 장소에 구애받지 않고 팀원들과 소통하고 협업할 수 있음을 의미합니다.

팀원들이 소통하고 협업하는 데 필요한 모든 기능을 제공하는 도구입니다. 이를 통해, 당신은 업무를 더욱 효율적으로 수행하고, 팀의 시너지를 높이고, 시간을 더욱 효과적으로 관리할 수 있습니다.

출처 : slack.com

Zapier

Zapier는 여러분이 사용하는 다양한 웹 애플리케이션들을 서로 연결하고, 일련의 작업을 자동화하는 훌륭한 도구입니다. 이를 사용하면, 많은 시간을 차지하는 반복적인 작업들을 자동화하여, 여러분이 더 중요한 일에 집중할 수 있게 해줍니다.

핵심 기능은 'Zap'이라고 부릅니다. Zap은 특정한 트리거(즉, 이벤트)가 발생했을 때, 하나 이상의 동작을 수행하는 자동화 작업을 말합니다. 예를 들어, 여러분이 새로운 이메일을 받았을 때 이메일에 첨부된 파일을 자동으로 구글 드라이브에 저장하는 것이 하나의 Zap이 될 수 있습니다.

이런 방식으로 여러분이 사용하는 수백 가지의 웹 애플리케이션들을 서로 연결할 수 있게 해줍니다. 이메일, 캘린더, 프로젝트 관리 도구, 문서 관리 시스템, 소셜 미디어 플랫폼 등 다양한 애플리케이션들을 서로 연동하고, 필요한 작업들을 자동화할 수 있습니다.

복잡한 프로그래밍 없이도 웹 애플리케이션들을 연결할 수 있게 해주므로, 비개발자들도 쉽게 이용할 수 있습니다. 이를 통해, 여러분은 복잡한 기술적 문제를 걱정하지 않고, 업무의 효율성을 증대시킬 수 있습니다.

Zapier를 사용하면, 다양한 애플리케이션들 사이에서 정보를 쉽게 이동시킬 수 있습니다. 이로써, 여러분은 필요한 정보를 빠르게 찾고, 업무를 더욱 효율적으로 수행할 수 있습니다. 예를 들어, 특정 이메일이 도착하면 이를 슬랙에 알림으로 보내거나, 새로운 스프레드시트 데이터를 기반으로 이메일을 자동으로 보내는 등의 작업을 자동화할 수 있습니다.

여러분이 업무를 더욱 효율적으로 처리하고, 시간을 절약하며, 일을 더욱 쉽게 만들어주는 역할을 합니다. 이를 통해, 여러분은 더 중요한 일에 집중하고, 일의 흐름을 더욱 잘 관리하며, 업무의 효율성을 극대화할 수 있습니다.

출처 : zapier.com

Zoho Notebook

Zoho Notebook은 디지털 노트 작성과 관리를 위한 애플리케이션입니다. 종이 노트북에 필기하는 것처럼, 여러분의 생각이나 아이디어, 할 일 목록, 미팅 메모 등을 기록하고 정리하는 데 사용할 수 있습니다.

주요 특징 중 하나는 노트를 '노트북'이라는 카테고리로 분류할 수 있다는 것입니다. 예를 들어, '회의록'이라는 노트북에는 회의 관련 메모를, '아이디어' 노트북에는 창의적인 생각을, '할 일' 노트북에는 해야 할 일들을 저장할 수 있습니다. 이런 식으로 여러분의 노트를 효과적으로 정리하고 관리할 수 있습니다.

또한, 텍스트뿐만 아니라, 이미지, 오디오, 체크리스트, 그림 등 다양한 형태의 콘텐츠를 노트로 만들 수 있습니다. 이를 통해 여러분의 생각이나 아이디어를 더욱 풍부하게 표현할 수 있습니다.

클라우드 기반 애플리케이션으로, 웹과 모바일 앱 모두에서 사용할 수 있습니다. 따라서 어디서든 노트를 작성하고, 저장하고, 조회할 수 있습니다. 또한, 여러 기기 간에 노트를 동기화할 수 있으므로, 하나의 기기에서 작성한 노트를 다른 기기에서도 볼 수 있습니다.

무료로 사용할 수 있으며, Zoho의 다른 제품들과도 잘 통합됩니다. 이를 통해, 여러분은 더욱 효과적으로 정보를 저장하고, 아이디어를 관리하고, 업무를 수행할 수 있습니다.

Zoho Notebook을 사용하면, 여러분은 생각과 아이디어를 더욱 체계적으로 기록하고, 이를 더욱 효과적으로 활용할 수 있습니다. 이를 통해, 여러분은 더욱 효율적으로 업무를 수행하고, 아이디어를 실현하고, 목표를 달성할 수 있습니다.

출처 : zoho.com/notebook

효율적으로 일하는 사람들의 시간관리 습관
당신의 시간을 설계해 드립니다

초판 1쇄 인쇄 2024년 1월 15일
초판 1쇄 발행 2024년 1월 20일

지은이 백미르
펴낸이 백광석
펴낸곳 다온길

출판등록 2018년 10월 23일 제2018-000064호
전자우편 baik73@gmail.com

ISBN 979-11-6508-550-6 (13320)